日本文化史重构

以生命观为中心

[日] 铃木贞美 ◎ 著
魏大海 ◎ 译

中国社会科学出版社

图字:01-2009-7650 号

图书在版编目(CIP)数据

日本文化史重构:以生命观为中心/[日]铃木贞美著;魏大海译.—北京:中国社会科学出版社,2011.6
ISBN 978-7-5004-9801-8

Ⅰ.①日… Ⅱ.①铃…②魏… Ⅲ.①文化史—研究—日本 Ⅳ.①K313.03

中国版本图书馆 CIP 数据核字(2011)第 084938 号

NIHONJIN NO SEIMEIKAN
by SUZUKI Sadami
Copyright © 2008 SUZUKI Sadami
All rights reserved.
Originally published in Japan by CHUOKORON‑SHINSHA,INC.,Tokyo.
Chinese(in simplified character only)translation rights arranged with
CHUOKORON‑SHINSHA,INC.,Japan
through THE SAKAI AGENCY.

责任编辑	田　文
特约编辑	程春雨
责任校对	王兰馨
封面设计	李尘工作室
技术编辑	李　建

出版发行	中国社会科学出版社		
社　　址	北京鼓楼西大街甲 158 号	邮　编	100720
电　　话	010—84029450(邮购)		
网　　址	http://www.csspw.cn		
经　　销	新华书店		
印　　刷	北京君升印刷有限公司	装　订	广增装订厂
版　　次	2011 年 6 月第 1 版	印　次	2011 年 6 月第 1 次印刷
开　　本	880×1230　1/32		
印　　张	6.25	插　页	2
字　　数	162 千字		
定　　价	26.00 元		

凡购买中国社会科学出版社图书,如有质量问题请与本社发行部联系调换
版权所有　侵权必究

中文版序文

　　人类实实在在地感受到生命的存在。但生命的本质是什么呢？生命是未死之前的活动状态。但形形色色的宗教却在思考死后之"生命"。基督教认为人死之后，灵魂将汇入永恒的生命之河。佛教思考的是"无生生"①。而近代生物学确立细胞生物定义前，人们大多以为矿物也有不完全之生命，例如水晶之类的结晶同样会成长。诸如此类的生命观因时代、地域的不同有着很大的差异。进而言之，人类与自然、人类与其他生物乃至人类自身之间的关系，皆可在生命观的意义上深入探究。

　　当今的地球环境危机明确告诉我们，人类不可能独自存续在这个世界上。为此，产生于欧洲近代的、普遍化的人类中心主义发生了根本性动摇。

　　某观点认为，人类是为了自身的世代延续才需要其他生物的生存。这显然也是一种人类中心主义。不过产生于近代欧洲的人类中心主义具有如下两个特征。首先它意味着，基督教上帝君临的世界转换至人类成为主人的世界，这也意味着受之于上帝的人类理性由上帝的束缚中逐步获得了解放。其次，成为主人的人类不断提高生产力，将世界看作自身提高生活质量的资源。两个倾向带来的结果，是人类不断地破坏作为自身生存基础的环境。

　　在东亚，日本依靠科学技术率先实现了近代文明。我们知

---

　　① 译者注：净土宗的"无生生"，意为脱离今生而获得永远的生命。

道，东亚的儒学乃将人类看作改天换地的存在。但这种观念并未将人类看作天地间的主人。与基督教如出一辙的一点则是同样将人类放置于大大高于其他生物的位置上。儒学主张"天理"说——"理"存在于自然本身。日本人正是以儒学为背景接受了西欧的近代思想并成为物质文明的俘虏。日本曾一度跃为名列前茅的环境污染国。作为现实明证的是1900年前后，枥木县足尾铜山流出的矿毒污染了渡良濑川下游至河口流域一带。20世纪50年代，工厂废液污染了熊本水俣湾，频发怪疫。之后新潟县的阿贺野川同样发生了有机水银中毒事件。

那么，日本人为何率先触及了这般威胁人类和生物生存的环境破坏呢，一般性的回答正是日本人过分依存了科学技术的力量。尤具象征性的言说包含于水俣病的教训之中。让我们来关注一下足尾铜山的矿毒污染。毋庸置疑，为了迅速发展为近代文明的先进国家，振兴矿业乃必由之路，作为国策，日本采纳了一味依赖于科学技术的生产力主义。而这里的矿毒污染，其污染源并不在水俣那样的化学工业。足尾和水俣所共通的，说到底是一种对于自然净化力的过度信赖。就是说，日本人对于近代科学文明的过度的憧憬，正是起因于对于自然力的依存。

何人最先挑明了此等关系不得而知。反正当今的日本人具有了一种普遍性认识——过度依存于自然力是错误的，自然是脆弱的、易于毁坏的。现如今，"善待地球"的说法已是环境产业的广告用语。从国际范围上看，日本亦是此类词语最为常见的国家，可谓耳濡目染。

然而，所谓"善待地球"等于"善待环境"只是环境破坏的相应对策罢了。即便对症下药地整治威胁人类自我生存的病患，也无法称之为根本性治疗。在我看来，根本性治疗必须改变西洋、东洋的人类中心主义。后人类中心主义或后人道主义乃是当今的思想课题。

实际上，东西方传统思想的后人道主义之争已见端倪。美国基督教会开始出现一种新的说法，主张自然创造了上帝而必须善待自然。在日本，佛教和神道皆强调自己与统治自然的思想无缘——因其思想基础原本即是尊重自然。

然而，当今的我们心知肚明，无论基督教、佛教、神道还是儒学，皆没有足够的力量阻止人类与其他生物一起趋于自身的毁灭。此即近现代文明历史的进展。我们知道，马克思主义试图从根本上颠覆作为近代文明推动力的资本主义或完全依赖于市场原理的自由竞争式的社会结构。但马克思主义同样选择了生产力主义的道路。为了阻止人类中心主义和生产力主义继续施暴，有必要对形形色色的宗教、思想乃至人类的近代历史进行自我反省。

对人文科学、社会科学的研究者而言，当务之急是确立一个特殊的立场——在自然科学不断发展的关联中反省并检验诸般宗教、思想的近现代样态。唯一的目的即构建新的生命中心主义，探究人类与其他生物共生的未来。当然，为此不可避免地必须反省20世纪的生命中心主义。就是说，有必要对生命观进行全面的反省和检验。此外，生命观也是一种有效的观点或视角，可一统性地观察或探究诸宗教、思想、科学或与之相关的自然观与人类观。

本书基于前述立场，由生命观的角度重新考察、评价了日本文化史，着重述及20世纪前半叶曾为一大潮流的日本生命主义。此外，笔者曾以专业学术书的形式撰写、出版了《多重危机下的生命观探究》（2007年）。本书乃面向一般读者的读物——前著之选萃。

日本文化受中国传统文化影响诸多，笔者亦受益匪浅。期待本译著能为中国读者提供参考。

著者　识
2010年11月

目　录

前言 ·· (1)

第一章　民族的遥远记忆
　　　　——风土记、记纪、万叶集 ············ (1)
　一　诸神的血统 ································ (1)
　　关于神话 ···································· (1)
　　天神的传说 ·································· (2)
　　原住民的平定 ································ (3)
　　处女神怀胎 ·································· (5)
　　外来神与诸神的血统 ·························· (6)
　　血统的编成 ·································· (7)
　二　"生"与"命" ································ (8)
　　编纂神话的思想 ······························ (8)
　　古代东亚的生命观 ···························· (10)
　　《古事记》序 ································ (11)
　　汉字"生"字解 ······························ (12)
　　死体化生的神话 ······························ (13)
　　训诂"いのち（INOCHI 生命）" ·············· (14)
　　天神之死与现人神 ···························· (16)
　　汉字"命"字解 ······························ (17)
　　殉死之禁与灵魂 ······························ (19)

佛教的浸透 …………………………………………（20）
　　　常世 ……………………………………………………（21）
　三　生死恋情 …………………………………………………（22）
　　　万叶中的"命" ………………………………………（22）
　　　恋情与生命 ……………………………………………（24）
　　　和歌之"命" …………………………………………（25）
　　　空蝉 ……………………………………………………（26）
　　　人麻吕的"神意" ……………………………………（26）
　　　忆良的养生思想 ………………………………………（27）
　　　旅人和家持的无常观 …………………………………（29）

第二章　净土、恋情与土地
　　　——从中古到中世 ……………………………………（31）
　一　往生与地狱 ………………………………………………（31）
　　　往生思想 ………………………………………………（31）
　　　成佛的思想 ……………………………………………（32）
　　　立地成佛 ………………………………………………（33）
　　　《日本灵异记》中的"命" …………………………（33）
　　　地狱思想 ………………………………………………（35）
　　　生命的执著 ……………………………………………（36）
　　　艺能中的地狱和成佛 …………………………………（37）
　　　《方丈记》 ……………………………………………（38）
　　　他力本愿 ………………………………………………（38）
　　　见性 ……………………………………………………（40）
　　　草木悉皆成佛 …………………………………………（41）
　二　恋情与罪——王朝文艺的世界 …………………………（42）
　　　万物入诗 ………………………………………………（42）
　　　好色 ……………………………………………………（43）
　　　死后的妄念 ……………………………………………（45）
　　　异土转生 ………………………………………………（46）

　　　　切身孤寂 …………………………………… (47)

　三　一所悬命 ………………………………………… (48)

　　　　武士的生存方式 ……………………………… (48)

　　　　死的发现 ……………………………………… (49)

　　　　武士道与士道 ………………………………… (50)

　　　　天主教教义 …………………………………… (51)

第三章　生命的自由与平等
　　　　——近世多样化的生命观 ………………… (53)

　一　儒学面面观 ……………………………………… (53)

　　　　神·儒·佛百态相争 ………………………… (53)

　　　　宋学与朱子学 ………………………………… (54)

　　　　阳明学 ………………………………………… (55)

　　　　阳明学左派 …………………………………… (56)

　　　　朱子学与阳明学的并存 ……………………… (57)

　　　　天"气"之断 ………………………………… (58)

　二　町人的自由、平等 ……………………………… (59)

　　　　自由放达与"物哀" ………………………… (59)

　　　　无常虚幻与滑稽 ……………………………… (60)

　　　　生活本位 ……………………………………… (61)

　　　　气的扩散 ……………………………………… (62)

　　　　元气一语 ……………………………………… (63)

　　　　待庚申 ………………………………………… (64)

　　　　商人之道 ……………………………………… (65)

　三　国学的展开与幕末思想 ………………………… (66)

　　　　"和"的独自性 ……………………………… (66)

　　　　知物哀 ………………………………………… (67)

　　　　怪异谭的背面 ………………………………… (69)

　　　　关心幽冥界 …………………………………… (70)

　　　　接受进化论 …………………………………… (71)

朱子学、阳明学的复兴 …………………………（72）

第四章　天赋人权论和进化论的接受
　　　——生命观的现代化 ………………………（73）
　一　天赋人权论 ………………………………………（73）
　　　生命观的近代化 ………………………………（73）
　　　"生命"的繁殖力 ………………………………（74）
　　　天不造人上之人 ………………………………（75）
　　　征兵令 …………………………………………（76）
　二　接受进化论 ………………………………………（77）
　　　进化论的季节 …………………………………（77）
　　　拟人法 …………………………………………（79）
　　　日本的特征 ……………………………………（81）
　　　国家生命体论 …………………………………（82）
　　　家族国家论 ……………………………………（84）
　　　民族的生命 ……………………………………（85）
　　　血统国家论 ……………………………………（86）
　　　自然的跃动 ……………………………………（87）
　三　修养的季节 ………………………………………（88）
　　　灵或肉 …………………………………………（88）
　　　青年的烦恼 ……………………………………（89）
　　　修养热潮 ………………………………………（90）
　　　武士道 …………………………………………（91）
　　　则天去私 ………………………………………（92）
　　　安心立命 ………………………………………（93）
　　　养生思想的近代版 ……………………………（94）
　　　生态学思想 ……………………………………（95）
　　　自然志向 ………………………………………（96）
　　　卫生思想与日本论的转换 ……………………（97）

第五章　宇宙大生命
　　——大正生命主义及其展开 …………… (100)
　一　生命力的解放 ………………………… (100)
　　　能量还元主义 ……………………… (100)
　　　二十世纪的生命主义 ……………… (102)
　　　自然生命趋向宇宙生命 …………… (104)
　　　生命主义美学 ……………………… (106)
　　　向往生命之路 ……………………… (107)
　　　自然主义至象征主义 ……………… (108)
　　　刹那的燃烧 ………………………… (109)
　　　女性解放的思想 …………………… (110)
　　　相互扶助的思想 …………………… (111)
　　　自由恋爱的思想 …………………… (112)

　二　宇宙大生命 …………………………… (113)
　　　《善的研究》 ………………………… (113)
　　　《尼采研究》 ………………………… (115)
　　　日本文化论 ………………………… (117)

　三　生命的表现 …………………………… (118)
　　　爱洛斯的叛乱 ……………………… (118)
　　　吟咏生命的诗人 …………………… (119)
　　　生命的表现 ………………………… (120)
　　　生命主义的社会背景 ……………… (122)
　　　生命主义称谓 ……………………… (123)
　　　生命气息终焉 ……………………… (124)

　四　民族的生命 …………………………… (125)
　　　都市大众文化开幕 ………………… (125)
　　　色情、怪诞和意义缺失 …………… (127)
　　　马克思主义的兴起 ………………… (128)
　　　生命观万花筒 ……………………… (129)
　　　永恒的生命 ………………………… (130)

　　　　历史的转换点 …………………………………… (131)
　　　　伴神之路 ……………………………………… (132)
　　　　《大义》 ………………………………………… (134)
　　　　散华思想 ……………………………………… (136)
　　　　国民优生法 …………………………………… (137)
　　　　历史的生命 …………………………………… (140)
　　　　超越近代 ……………………………………… (140)
　　　　灭私奉公 ……………………………………… (142)

第六章　如何定义生命的尊严
　　　　——战后的生命观 …………………………… (144)
　一　钻出死亡的季节 ……………………………… (144)
　　　　从零出发 ……………………………………… (144)
　　　　从负数出发 …………………………………… (145)
　　　　战时状态的翻转 ……………………………… (147)
　　　　对于生命的敬畏 ……………………………… (148)
　　　　形形色色的不同旅程 ………………………… (149)
　　　　战后的大正生命主义 ………………………… (150)
　二　生命主义的重生 ……………………………… (152)
　　　　高度经济增长 ………………………………… (152)
　　　　传统的创造 …………………………………… (153)
　　　　真正的民族传统 ……………………………… (155)
　　　　大正生命主义的复活与反省 ………………… (156)
　　　　原子弹被炸日记 ……………………………… (158)
　　　　污染的海洋 …………………………………… (159)
　　　　近代的整体性创伤 …………………………… (161)
　　　　宇宙生命树 …………………………………… (161)
　　　　分子生物学的提案 …………………………… (163)
　　　　大生命物语 …………………………………… (165)
　　　　过劳死 ………………………………………… (167)

治疗 …………………………………………（168）
　三　受到质询的生命观 ……………………（169）
　　　生命伦理 ………………………………（169）
　　　遗传基因说 ……………………………（171）
　　　多样性 …………………………………（173）
　　　自动控制（cybernetics）………………（174）
　　　机器人（cyberpunk）…………………（176）
　　　稀薄的生命感 …………………………（177）
　　　人类生存的自由 ………………………（179）

后记 ………………………………………（180）

前　言

　　放眼世界，映入眼帘的常常是令人瞠目的形形色色的少年犯罪，年轻父母养育子女的责任懈怠，长期照料病卧亲属的劳顿不堪或强迫老伴儿一同自杀的老龄者……现实的情况多种多样，令人震惊、抹杀亲属生命的事件层出不穷。许多人深切地感受到，日本的伦理观基础处于崩溃的状况之中，脚下的沙地仿佛在永无止境地坍塌。

　　在电视的辩论节目中，一名高中生提出如下问题："为什么不可以杀人？"无人能够正面作答，也无人打算做出回答，广播电台却制作了连续剧似的节目。如今我们面对的正是这样的时代。

　　有人会反驳说，没必要这样理论每一个人的生命尊严。这或许是一家之言。地球上任何一个角落都会有人死亡，却未必皆是自然死亡。有些人的死亡意味着一种选择性的战斗行为，他们明知自杀性爆炸行为会牵连许多无辜者。

　　日本的电视节目曾出现一个放大了的镜头画面，遗属想起死于非命的亲人时，大声呼喊要"处死犯人"。如今年轻一代的头脑里，自幼便有一个深刻的印象，人类自身也与其他生物一同走在死灭的路途中。面对整天念叨生命尊严的成年人，有高中的学生质疑道——那样便能明确地给出生命问题的答案么？我认为他们的质疑完全合理。

　　"生命是什么？"

　　本书的初衷并非提出这样一个难以作答的问题或勉为其难

地寻找答案，而是试图揭示历史上的日本对于生命问题的认识，以及不同时代背景下生命认识的基本状况。作为著者，我期待以此为契机，再度回顾或反思当今每一位读者的生命观或生命感，了解它经历了怎样的一个形成过程。

此外，这里论及的生命观，将大大超越每一个人面对死亡之生命乃至生物之生命。因为人类可以思考死后的生命，人类所认定的生物范围实际上也是充满变化的。有人分别思考集团之生命和自然之生命。我想将此般问题，统统作为生命观的问题来考察。

第一章　民族的遥远记忆
——风土记、记纪、万叶集

一　诸神的血统

关于神话

太阳月亮、雷电风雨、山岳森林、海洋江河乃至形形色色的动植物，人类对此般自然物象有着神圣的敬畏，为此在地球的任一角落，都会产生相应的故事传说——祈求每一个人的生命或子孙永续。人类集团拥有形形色色关乎始祖的传说，或将始祖看作一个神，或将男神、女神的结婚看作自身的起源。尽管存在着诸般差异，但部族或民族经验的风土变化、丰收的欢愉、遭遇灾难或某些变故后的背井离乡，神话形成的过程中，每当发生了新的变故便会增添新的插曲。神话故事在祭祀的仪式中不断重演，确认着人们的血脉由来，且成为大小各般集团得以存续的精神食粮，也作为部族或民族的集体记忆世代传诵。集团之间的往来亦必然地令神话发生变化。为避免怠慢引致神的报复，祭祀的礼仪益发隆重，亦使神话的色彩更加浓重，部族间的征战或统合，则演化为祖先神之间争斗与结缘的神话。

日本丰富的神话故事镌刻着我们祖先的记忆。尤其是《古事记》、《日本书纪》之类神话，作为民族的遥远记忆反复诵读。围绕伊邪那美①造国和黄泉国②的故事传说以及相关于素盏呜尊③诸神的神话传说，对于探究日本人远古时代的生命观不可或缺。

古代希腊的亚里士多德（《政治学》，公元前4世纪）认为，"诸神的形象与生活皆为人类自身之模仿"。这种理念亦契合于日本的古代神话。然而，在荷马（公元前8世纪前后）《伊利亚特》④中描写的希腊英雄时代，诸神对个人的私语引发了逾反常规的行为。日本诸神并未那般接近人类，只是显现了白雉⑤等瑞祥之兆，或突然附于人体立于梦枕之旁暗示。有趣的是，欧洲神话的各地域展开是相互关联的；中国的神话群则并无一以贯之的体系而以断片的形式编纂于经书与史书中。日本神话的展开却有着诸神的系谱及时间系列。原因何在呢，让我们探寻风土记中残留的古老传说。

天神的传说

在关东地方的《常陆国风土记》中，筑波长老讲述了一个故事——谓诸神之父祖神尊欲向富士山神借一夜之宿，却未能如愿，理由是"不巧适逢天子新粟之斋忌"。祖神尊闻之大怒，罚富士山夏季亦生物不栖。筑波山神逢斋忌却照常用斋，筑波的人民便过上丰衣足食的生活。此般神话讲述了这块土地上生活的众生的幸运。实际上正是如此，筑波的确是一处幸运的土地，人们从谓为神山的富士山获取食物。这里却将富士山记述为草木不栖的"生涯之极"。

---

① 日本神话中的男神和女神。
② 伊邪那美为了生产火神而死，离开夫神住到了黄泉国。
③ 日本神话中伊奘诺尊（伊邪那歧）之子，天照大神之弟，生性凶暴引起天上岩户屋事件，而被放逐至高天原，在出云国斩杀八歧大蛇获取天丛云剑献于天照大神。
④ 古希腊史诗，相传为荷马所作。
⑤ 孝德天皇朝年号，因穴户（长门）国司献呈白雉而改号（公元650年2月15日至654年10月10日）。

碓石地方的长老讲述了如下故事。天地之初，草木尚通言语，天降神灵谓为普都大神，巡游苇原中国①，说服山河荒神等，将武器、宝玉置于地面，遂乘白云归天而去。长老讲述了天神平定世界骚乱，为世界带来福祉。苇原对于山脉是平地，中央即中国，合为一词即苇原中国，这里特指日本。更夸张一些，则是物源丰沛的苇原中国。

当然并非尽皆福神，亦有祸神。有一个笑谈流传至今，降至邻里的一个天神认为，人们排泄是十分无礼的行为，为惩戒排泄者将之镇于山下。其实不仅《常陆国风土记》，所有风土记屡见不鲜的正是天神降临、征服山河荒神的故事。日语的"コトムケ（KOTOMUKE）"一词相当于汉语词汇中的和平、化解、平定、征伐等。

原住民的平定

《常陆国风土记》中有如下一段描述——香（鹿）岛神社同时供奉着天神降伏的坂神和沼神。在长崎县一带的《肥前国风土记》中则写道，依照土蜘蛛姊妹的建言，县主们供奉了暴戾的山神，山神与之相应变得温和起来。县主乃朝廷授命的地方治理者，而同时祭祀朝廷之神和地方附属的原住民之神，也可称之为祖先神之间的结缘。但降伏地方恶神的范例独一无二——即降伏土蜘蛛。土蜘蛛是在土里挖洞居住的原住民之总称，亦称作"国巢（栖）"。他们居住在一个骚乱不断的世界，草木乱语，山川狂滥……他们正是关东、东北的倭奴，亦即不甘臣服的原住民，别称为夷或虾夷，九州地方则称作熊袭。

《常陆国风土记》中还有一段描述——名为兔上命的天神起兵杀死了众多土蜘蛛谓为"成福"。有许多故事描写天皇对

---

① 同苇原之国，天上高天原和地下黄泉国的中间地段——地面世界之意。

于蝥贼的征伐，也有朝廷派遣地方长官、国造①等讨伐山神的故事——那些山神妨害了田地的耕作。此外在《日本书纪》（卷二）中，高御产日神（另书称"天照大神"）派遣诸神讨伐苇原中国的"邪神"、"邪鬼"——同样指称"土祇（国神）"②亦即土蜘蛛。

而最为活跃的，是日本武尊·倭建命③，在《常陆国风土记》的故事中记作倭武，称作天皇且令天大神制舟造船。这里，仿佛将之看作了神的同类。在《肥前国风土记》中记作日本武尊，巡游各地，同样征伐了土蜘蛛。但在《出云国风土记》中，关于倭建命、景行天皇皇子的描写则与记纪④中的描写相同。征伐了土蜘蛛的大和朝廷天皇与皇子的记忆散存各地且有日本武尊那等同样的命名。

据传，风土记的最初编纂乃在公元713年，也是《古事记》编纂翌年，《日本书纪》的编纂约在7年之后。但留下全本者仅天平期（公元729—749年）编纂的《出云国风土记》，常陆、播磨（兵库县南部）、肥前、丰后（大分县）的风土记仅可觅见江户时代的抄本或各类逸文。各类风土记的立足点，皆在农耕民族一方，即将土蜘蛛那样的狩猎采集民族视为异类，稍有不从即诛杀之。而时至今日，关乎生命观之根本的问题仍然是何为生物，何非生物，生物的分类方式如何，乃至诛杀异类是否正当，诸如此类。

不过，风土记中靠海为生的渔夫们被称作海部⑤，明显区别于土蜘蛛。在前述《肥前国风土记》中，可以看到朝鲜半岛政情变化的相关报道，反映了人们往来之动态。从船舶的必

---

① 古代世袭的地方官。大略领有一郡。大化革新后多称为郡司。大化革新后虽一国保留了一名国造，但只是涉及祭祀，称为与行政无关的世袭之职。
② 守护国土之神。地神。
③ 日本古代传说中的英雄。景行天皇皇子，本名小碓命。别名，日本童男。曾奉天皇之命讨伐胸袭。
④ 日本古典《古事记》和《日本书纪》的合并简称。
⑤ 向大和朝廷贡奉海产品的品部。

要性方面讲，海部亦受到相当的重视。记纪中最先登场的地上居民是安昙①连②，他们的始祖神据说是绵津见，是伊邪那歧驱逐伊邪那美后由黄泉国归来在海边施行袚禊祭祀时，在海底生出的海神。天神则是伊邪那歧的子孙。

处女神怀胎

在《播磨国风土记》荒田村流传的神话中，道主日女命产下无父之子，耕作七町③田，7天7夜收获了稻谷，制成美酒，召集诸神，其子手持酒杯，竟径直端呈予天日一命，藉此找到了父亲。故事讲述了"血缘"的奇异功力，不知生父的孩子竟然能分辨出自己的父亲！毫无疑问，天日一命亦是太阳神赐予的姓名。而不久之后天地荒芜，这里便有了荒田之谓。这个故事，表明了风土记中大量的土地名称由来。

这个神话，想必生成于独身女神为始祖的村落与祭祀太阳神的部族间，生成于二者之间的关联中。进入众神之中的一个孩子，向扮演太阳神的族长献酒，母神则在一片哄笑声中落座于太阳神侧旁。太阳神的旁边还坐着其他女神。想象这样一个祭祀的场景十分有趣。毋宁说是一种服属之礼仪。

参照江户时代《日本书纪》的研究论著《释日本纪》，类似的故事可在《山城国风土记》中看到。贺茂建角身命向丹波女神求婚生下的玉依日卖，靠川流中漂来的朱红箭矢受孕。孩子成长中，其祖父贺茂建角身召集来众神，将酒杯递给孩子，让他选认自己的父神。然而，当时其父神并不在场，孩子便冲破屋顶升上了天空，于是也便有了贺茂别雷命的命名。贺茂建角身本属降临日向高千穗的天孙一族。有观点认为，雷神诞生的传说后演化而为朝廷神话。也许，此类故事发生于风土

---

① 姓氏之一。
② 古代姓氏之一，大和朝廷时代主要称呼神别诸氏。
③ 町，土地的面积单位。1町乃10段。

记记载之初。

然而前面述及的荒田村传说是以太阳神为父神的，因此无法与天照大神这般女神为始祖的朝廷神话相链接。土地名称由来的传说抑或出自风土记，或相反是在朝廷调查时做的记录——藉以土地名称由来的传说形式。风土记的某些痕迹似亦证明，神话是循着记录的目的得以完善的。

外来神与诸神的血统

在《古事记》（中卷）关乎大和三轮山的传说中亦有一个插曲——大物主神①化身为朱红箭矢令女体受孕。此传说近似于日本的处女怀胎神话，原型乃是感应阳光、女性受孕的故事。这种故事世界各地皆有，如高句丽的始祖神诞生传说即为其一。此传说编织在《古事记》中新罗王子、天日枪的故事之中。

在《播磨国风土记》揖保郡粒丘的传说中，天日枪变成了韩国渡来之神。此神在各地留下了一个苇原志许乎命与伊和大神土地之争的传说。似可认定，其为百济迁居日本的众生始祖神。亦有如下传说称《日本书纪》垂仁天皇三年，在播磨国的天日枪自称为新罗王之子，向天皇奉上贡物。后则移居淡路岛、近江、若狭、但马，据说那一带，如今仍有其末裔或随从的子孙。总之，可将之视为朝鲜半岛移民众生的始祖神。此外另有一个观点也具有强力依据——称飞鸟②朝的强大氏族苏我氏，也是公元5世纪末渡来的、百济高级官员的后裔。

作为《日本书纪》一书之说，可看到如下记述，被逐出高天原的素盏鸣尊最初的降临地是新罗，他不喜欢新罗，便移居到了出云。有这样一种可能性，天日枪和素盏鸣尊原本就是

---

① 奈良县大神神社的祭神。以蛇体穿通女人身体，或以崇神的形态现身。一说认为，此神同于大己贵神（大国主命）。

② 飞鸟，奈良盆地南部的一个地方。推古天皇以后百余年间，断断续续地在此营造宫殿。

同一个神，或者是在传承中渐渐被视同为同一个神。进而言之在《日本书纪》中，素盏鸣尊作为生产之神亦有天穗日命那样的命名。诸神的血统颇具国际性和复杂性。

没错，素盏鸣尊神与出云地方有着密切的关联。在风土记类中，除了《出云国风土记》，其他风土记仅有寥寥数语的逸文记载。那是因为，素盏鸣尊的诸多子神仅在出云巡游，其女儿神也散在于出云各地。也许，素盏鸣尊是想让其子女神共同成为出云的主宰。对此，创造下界之神便被称作"造天下大神"，又被称作大汝（穴）持命，此神与素盏鸣尊的两个女儿及诸多女神通婚。大汝（穴）持命堪谓拥有强大部族的祖先神——包括来自朝鲜半岛的部族和其他各地的部族也陆续地为其收服。因此，作为常识，出云地方早就具有显著的统一趋向。

诸神的关系是复杂的，不能简单、笼统地说什么高天原八百万神，因为各地的神会有结缘关系——还会出现异名同体的现象。不妨说，诸神之间存在一种横向连接的关系或过程。日本神话正是在诸神系谱和时间系列中展开。这项工作显然完成于记纪神话。而结合风土记或《日本书纪》之一书一说，不妨说渐渐也出现了欧洲式的神话展开。

血统的编成

显而易见，记纪的意图是将各地残存的诸神血统归拢为线性脉络。在《播磨国风土记》中，与天日枪争夺领国的是苇原丑男①尊，在《古事记》中，其异名或别名有大国主命、八千矛神、宇都志国玉神。在《日本书纪》中，作为大汝持命的异名，大国主的名称上又添加了大国魂神、大物主神、事代主神等。各地流传的神名必定要统一。在《出云国风土记》中，国神大汝神②与天神素盏鸣尊的两个女儿神通婚；而在

---

① 日本《古事记》中大国主命之别名。在风土记中，则是争夺领国之神。
② 大国主命之别名，亦称作大名持神。标记上也写作大己贵神或大穴牟迟神。

《日本书纪》正文中，他却成为素盏鸣尊的子神。如此大汝神等于是跟自己的姐妹通婚。在记纪中，或为允许结婚的异母姐妹，诸神也没理由非得遵从人类的伦理规范。《出云国风土记》中的记述，根本不涉及他们的血缘关联。

在《古事记》或《日本书纪》中，大汝神则被当作素盏鸣尊的第六代孙。记纪中描写的素盏鸣尊是一个粗蛮的天神形象。《古事记》中的素盏鸣尊乃与各地女神生养子女。这里可以明显看到对于出云神话的篡改痕迹。

自公元6世纪上半叶，《古事记》率先编纂了各种传承①（《旧辞》）和天皇的记录（《帝纪》），述及出云原有的素盏鸣尊神，记纪认为与天照大神是一种姐弟关系。记纪以伊邪那歧、伊邪那美的国产或黄泉国神话为中心，显然也借用了出云地方神话中已有的内容。因此，记纪中那种新的系谱编成，写到各地曾经活跃的诸神时，或有捏合乃至删除，原本的相貌发生了改变。同时，虽说大国主命平定了下界，却也留下了一些隐患，之后由天照大神的子孙——大和朝廷的始祖神们重新实现了平定。故事正是在这样的构想中得以传承。

二 "生"与"命"

编纂神话的思想

关于记纪神话，相关的评说形形色色，有人称其与广泛流传于南方的海洋神话类似，有人则说天皇换代的"真床追衾"②仪式，实际传承了大陆北方骑马民族的传统。然而，记述神话的观念却一如既往地借用来自中国的文献。公元6世纪，就已出现各种古代传承（旧辞）的编纂。首先是以物部

---

① 一般指称古代留传下来的整体性文化包括制度、信仰、习俗、口头传承、传说等。

② 《日本书纪》神代纪（下）：高皇产灵尊以真床追衾，覆于皇孙天津炎炎火琼琼杵尊，使将之。真床乃床之美称，追乃覆之异字，衾乃大被（《说文》。

氏为主导的《本辞》编纂。然而，尽管已有如此多样的神话传说及十分特殊的历史状况，天武天皇（公元673—688年在位）仍要推翻这些记载，命人开始了《古事记》的编纂。这里的编纂思想，如前所述来自中国的古代文献——即诸神皆有系谱、神话须有时间系列。

依据白川静《中国神话》（1975年）一书中的观点，在中国黄河中游一带扩张势力的殷王朝（推定乃公元前17世纪至公元前11世纪），首当其冲的生活基盘是农耕，次之是畜牧，殷最初将太阳神舜奉为始祖神，但存在一种可能性——即那般神话借用了南方海洋民族关乎太阳信仰的各类故事或传说。殷朝还有其他的始祖神，即在道教经典《山海经》的传说中，那是皇帝捕获的海洋彼岸的怪神。因此，无论起源在哪里，如果说皆被搬进了远古时代殷朝的神话中，随后又传到了朝鲜半岛和日本，那么后者的神话中同样包含了南方起源的神话要素，也便是理所当然的事情了。

取代殷朝的周王朝，似乎整体性搬用了前朝的神事巫觋人员，且沿袭了殷朝的神话与礼仪。但是，其编成（重构）却有变化。在体现天体运行的"天命"观念下，祭祀更趋体系化，东西南北则配置了神话的象征。这些变化，也经由朝鲜半岛传到了日本，在高松冢古坟的壁画中留下了此般面影。

长期以来，作为中华世界观之根本的备受尊重的《易经》（系辞传），即主张"乾坤"（天地）安泰运行大德（恩惠）之说。此"天命"即天定受命乃至天定运行之含义。自然之"道"（运行乃至其法则）循自身之"性"（本来的性格乃至其作用）而生，此乃道教之根本。而天之运行既然是遵循时间的，诸神也便成为追随时间推移的存在。

另一方面，中国古代世界观的根本在于"气"之观念。《易经》（系辞传）认为，作为一切之根本的"元气"凝固而为万物。万物的活动、产出、变化、成长之类的现象乃至其作用便是"生"。"生生"即意味着产出与活动。倘若是强调变化，便是"化生"。而系辞传认定的大德（浩德）则在于"日新"——天之造化作用日日更新。据传，日后朱子学尊重的四书之一《大学》（第二段第三节）也有如下记述——殷汤王之善在于其盘"日日更新"。（汤之盘铭曰："苟日新，日日新，又日新。"）

此等生生变化的思想，创立了一种时间系列的体系。而像编纂历史物语（故事）那样编写神话，这种方式见诸于孔子（公元前6—前5世纪）所撰《春秋》的注释书《左传》。司马迁的《史记》（殷本纪、公元前1世纪）亦以系谱的方式观照了殷王朝诸神。

古代东亚的生命观

有人认为自然的时间变化自有"定数"，亦有人感叹那种变化是无常的。这些观念带有典型的东亚特征。形成尤为鲜明对照的，则是古希腊柏拉图（公元前5—前4世纪）哲学设定的、永恒不变的理念。柏拉图的学生亚里士多德认为万物具有生成和变化，其思考建立在矿物、植物、动物阶段性分类的基础上，他所憧憬的也是理念的世界——强调一种朝向目的之变化。之后普罗提诺（公元3世纪）提出的新柏拉图主义[①]则认为，由宇宙不变的唯有生命。而主张超越神等于绝对性造物主创造了世界、又创造了一切生命的理论，与发轫自犹太教圣典的基督教和公元7世纪兴起于中东的伊斯兰教相通，却与东亚的思维方式具有根本性差异。

中国的道家赋"造化"于天地自然之生成变化。《列子》（周穆王）中，也出现了"造物者"的用语。在作为民间信仰的道教中，亦出现了"天帝"之说。显然有一种观念赋天地创造者以神格，却又置身于世界之外而并不作用于世界。此外

---

① 公元3世纪创始于罗马的一种神秘主义哲学。

混沌①凝结生成了"气",却没有出现从无到有的创造之理念。

古代印度哲学强调的生命元素 pneuma②,乃是源自于呼吸的理念,与"气"十分近似。倘若将"气"当作神,那么,万物之中皆有神栖,在这种变化的观念中产生了与泰勒斯(公元前7—前6世纪)近似的理念——泰勒斯被看作古希腊哲学的创始者或自然科学的始祖。泰勒斯在万物流转的底部联想到"火"。但是气也好元气(pneuma)也好,都不能视同为神(或上帝)。此外古代印度哲学的《奥义书》(Upanisad)③将轮回转生的现世看作苦难的世界,它引导人们,必须从那里获得解脱以进入涅槃(奥义书语)的境界。所谓解脱,乃是婆罗门教的根本教义,由贵族阶级(婆罗门)垄断许可权——最底下阶层若无法在上一阶层获得重生便无法获得解脱。然而,在变革期却出现了数位觉悟者(佛陀)。其中的乔达摩·悉达多④即释迦牟尼⑤(公元前5世纪前后)最重要,主张所有的人皆可获得解脱,从而打破了前述垄断而使佛教得以传播和弘扬。亦因如此,唯有他才被称作佛陀。佛教不久便经由中国传到了日本。关于此,容后细细探究。

《古事记》序

浸透于日本神话的生命观,其根本来自中国古代生命观的强大影响。太安万侣的《古事记》序,开篇即写道:"混元已凝,气象未现。无名无为……"这里表达的意思是混沌的元气已凝固,但尚未分出气与象(形)。据说此分离始自《列子》(天瑞),但其"气、形、质"的三分法被置换为"气、

---

① 开辟天地之初天地未分的状态。
② 希腊语(气息与风之含义),中文译为"元气"。在希腊哲学中,表示人类生命的原理。《圣经》中则意指精神性的生命原理或灵魂。
③ 印度《吠陀》圣典的最后部分。
④ 【Gautama Siddhartha】,佛教创始者释迦牟尼的名字。
⑤ 【Sakyamuni】。

象"二分法。天地之初"无名"的说法源于《老子》，而万物根本"无为"的认知则来自于《庄子》。在《古事记》序中，从混沌到阴阳的脉络是清楚的，且出现了日月二柱神。此外序文赞美道，天武天皇高德已超越周王，此高德因循了阴阳二气之正途，调整了五行秩序，向世人举荐了因循"神理"的风俗。换言之"神理"即为"天理"。《古事记》的成立正如"序"之所言，倘若确为公元712年正月，则是开派遣唐使节80多年之后。遣唐使中亦有山上忆良那样的律令官。他比安万侣年轻，赴唐后通晓了儒、佛、道。许多史官通晓汉文，十分自然地掌握了前述抽象的观念。当然，安万侣也曾感叹古时的日本语过分淳朴，因而并不适合于汉文的修辞。

以汉字附会大和语言的语义称之为"训述"，这个过程留下了太多意义不明的暧昧。例如古文献中的"水"，是川、是河、是湖、是海，难以判别。问及于此，即便是深谙字训的稗田阿礼①，也只能回答说古人不加区分地称之为"水"。此外中国的观念区分明确——阳为男、阴为女，可是理应为阳的太阳神天照大神，为何在日本变成了女神。理应为阴的月夜见（月神）却变成了男神。此等疑问，安万侣无法作答也无法改变。

汉字"生"字解

在《古事记》正文开篇，诸神依次"成神"。伊邪那歧和伊邪那美相向和合凸部、凹部，正所谓"国土生成之为"，始问"生奈何"——"生"之本质。依行间小注可知，汉字"生"字的训读是"うむ"（UMU音：宇牟）。"序"称，所谓万叶假名方式即大和语言一音一汉字，这样的附会很简单，问题在于句子变得过分冗长，所以"うむ（UMU）"就索性用

---

① 天武天皇近侍。记忆力过人，天皇命之诵习帝纪·旧辞，太安万侣将之笔录下来，编成《古事记》3卷。

一个汉字"生"来标记。因此,"生奈何"之语义便是追究"生之本质"。

伊邪那美同意后,便在伊邪那歧的诱惑下媾合,生下了蛭形的孩子。而女神的主动引诱似为禁忌。此乃《古事记》中出现的最初的禁忌。其原因或在一种观念——女性欲望的放任将乱了世界秩序。于是二神便不断地生育,"生"下了国土神和万物万象诸般神。

为此,《古事记》上卷几乎通篇是"生育",甚至省略了媾合的环节。将伊邪那美逐至黄泉国归来,伊邪那歧在海边做了一个祓禊①,便依次"生"下了好多神。天照神、月亮神、素盏鸣尊等,都是祓禊时由男神伊邪那歧"生"下的。此外,相对于"生",汉字"产"一般用于木花之开耶姬②的生育,指孕产之具体事态。

《古事记》大凡写到"天地初开","生成"的三神便是天之御中主神、高皇产灵神和神皇产灵神。但在《日本书纪》中,成神的"成"字却消失无踪,多用关联于"化"字的一些词语来表示——如"化ス(KASU)"、"便化ス(BENKASU)"、"化生ス(KASEISU)"、"化身ス(KESHINSU)"等。国土生产亦如此,记述了伊邪那歧、伊邪那美遵诸天神命"修理"、加固漂流国。

死体化生的神话

当然,"生"之观念关联于人类,也关联于五谷、草木。在《古事记》中,伊邪那歧逃离了黄泉国,伊邪那美追随至黄泉比良坂喊道——苇原中国"一日杀千人",伊邪那歧便答——"那么,便一日建千五产屋"。仿佛一日果真死千人、

---

① 涤于水边祛除不祥。
② 又称木花之佐久夜毗卖,日本神话中大山祇神之女,天孙琼琼杵尊之妃。后世被看作富士山神,祭祀于浅间神社。

生千五百人。这个数目,在《日本书纪》中也是相同的。一千五百,被当作了一个幸运的数字。

此外《古事记》中记述,被逐出高天原的素盏鸣尊饥饿中向食物司神大宜津比卖乞食,备餐时被杀,遗骸分别变成(生成)了桑蚕、稻谷、粟米、小豆、麦子和大豆。《日本书纪》则写道,被天照大神遣于地面的月夜见(月神),看见保食神备餐时嘴里吐出食物,感觉污秽无礼便一杀了之,由保食神遗体的各个部位又"生"出了牛、马、蚕和五谷。

《日本书纪》则记述素盏鸣尊欲渡朝鲜,苦于无船,遂拔须髯散之为杉、胸毛为桧、股毛为槇(针叶松)、眉毛为楠,这里的变化用了"成"字。或因在中国古代的神话中,开天辟地的盘古神死后,两眼成日月、躯体变大地、血液成河川、发髯化星辰、体毛成草木、牙齿遗骨化岩石。《日本书纪》与这种典型的"死体化生"神话如出一辙。

显而易见,素盏鸣尊又是狂风暴雨神,在其体毛生成种种树木的故事中,重复描写了洪水退去后山里运来的树种生根发芽。洪水带来了丰年,这样的观念来自《古事记》——素盏鸣尊是个性情狂暴者,可以设想他也带来了丰饶。素盏鸣尊降伏八歧大蛇①的故事,也源自对于狂风暴雨神的畏惧,这里的一个转义是治理肆虐山川的祈念。然而毫无疑问,大蛇之尾化为草雉剑的插曲,展示了素盏鸣尊与铁器部族的类缘关系。

训诂"いのち(INOCHI,生命)"

如此,出现在记纪中关乎生命的汉字,几乎都是"生"字。和语的"いのち(INOCHI)"在万叶假名方式的标记中记为"伊能(乃)知(致)",这种标记法仅用于歌谣部分。本文除了"生"字,在涉及甦生的意义时考察了"活"字,

---

① 记纪神话中的大蛇。头尾各分八段。相传素盏鸣尊降伏它救出奇稻田姬,断其尾获得天从云剑。

在天定生命长短的意义上则用了"寿"字。"寿"字，原本是在祝寿的意义上使用，恭维长寿者时常常用到"年寿"、"寿命"之词，仅有"寿"字时意味着生命的长短。在中国最早的诗集《诗经》中记作"寿考"。在稍后汇集了长江中段流域歌谣的《楚辞》和司马迁的《史记》中，亦可见到"寿"字的用法。日本的祝词中也对"寿"字做了认定。然而在记纪中，用汉字一字"寿"或"命"表记"いのち（INOCHI）"的例证可以说寥寥无几。

《古事记》中仅有一处，在"いのち（INOCHI，生命）"的意义上使用了"寿"和"命"。——依天照大神命令，伴从者诸神降临高千穗的琼琼杵尊①，认为国神大山津见奉上的两个女儿中，姐姐石长比卖丑陋无用，便选定了美貌的妹妹木花之佐久夜毗卖。大山祇神祈念，石长比卖在侧，天神御子之"命"将坚如磐石，而选定木花之佐久夜毗卖，天神御子之"命"则如同树花一般繁盛。然而，倘天神御子一味迷恋，其"御寿"将如树花一般脆弱虚幻。又述及——天皇命等"御命"短云云。这里的"御命"想必正是"御寿"别称，下面的注脚亦未注明"训籍"，想必二者皆为生命之义。也许，这正是生命意义上"命"字用法的起源。

这个故事包含的教化之义是明显的。可读解为——忽视了国神苦心，天神将受到致命惩罚。而在《日本书纪》中，石长比卖亦称天孙选定自己，生下的神子将"永寿"；而若仅选妹妹，生下的神子将树花般"凋落"。另有一说乃是"草民短命"；亦可窥见"人民皆为天孙子孙"的思想。

这个故事也传达出，天神与国神生出的神子不会像天神那般长寿。且看《日本书纪》中，神武天皇的寿命是127岁，崇神是120岁，垂仁则是140岁，这里登场的天皇大多活过了百岁。据说这里做了一些手脚——例如，自推古王朝的年代逆

---

① 或称迩迩芸命。日本神话中天照大神之孙。

向推算，结合辛酉年间发生革命的、中国式的思维方式，设定神武天皇的即位年份，同时，竟将神功皇后的时期捏合在了《魏志倭人传》中记载的邪马台国女王卑弥呼的年代中。

天神之死与现人神

天神、国神间的神子自不必言，那么天神有没有死亡呢？众所周知，《古事记》中伊邪那美生下火神迦具土①时被烧伤，"神避（死亡）"而赴黄泉国，伊邪那歧追随而至，黄泉国的统治者是黄泉神，《古事记》记述为一个污秽之所。但是《日本书纪》正文却没有关于伊邪那美死去和走赴黄泉国的记述。关于此，《日本书纪》总以"一书曰"的形式记载。那么，单只阅读《日本书纪》文本，卷二又有如下记载，高皇产灵神赴苇原中国却违逆命令，不归复命的天若日子又称天稚彦，被高皇产灵神投出的箭矢射杀。看来，天神亦非不死之身。

而希腊神话中的神却不死。在荷马的《奥德赛》中，冥界并未描写成污秽处所。古代中国，死者当赴"黄泉"——原本是人们心中的安稳之所，但暴卒者（不幸的死者）的灵魂却没有栖所，于是作祟于人且给现世带来了灾难，于是产生了信仰、御灵信仰或疫病信仰，世界变得异常残酷。据说日本的黄泉国形象，受到了前述影响。

作为日本神话的特征，有人指出在于神代②与历史间的界限不明。然而这是一种自然的结果。即在尚无文字的社会，一个口头传承的物语（故事）中通常包含着祖先神的"建村"（造国）乃至部族中最近发生的事件。记纪的编集，正是并非自然地接续了那样一种传承的形式。

神武天皇《古事记》中的作战对手是国神，这无从判断。

---

① 又称火产灵神，出生时烧死了母神伊邪那美，激怒了父神伊邪那歧，持剑斩杀了火神。

② 记纪神话中开天辟地至鸬鹚草葺不合尊的年代——也是神武天皇以前诸神争奇的时代。

但《日本书纪》神武以后，首先，标记年龄的天皇显然具有了人的特征。问题在于《日本书纪》（景行天皇）中登场的日本武尊·倭建命具有更强的体格和行动力，天皇称其为"神人"。神与人，已在意义上发生了变化。日本武尊对于虾夷的族长们，乃是"现人神之子"。虾夷的族长们则称作"岛神"或"国神"，令人联想到当地的地方性神话。日本武尊·倭建命被看作伊吹山神，死后化为伊势能褒野的露水。

希腊神话中的英雄皆有大大强于人类的体格，诸神间亦有战事亦会战死。日本武尊与他们相似。如前所述，日本神话中的天神也会死亡，但前提却不同。众所周知，《日本书纪》卷七（景行天皇）之后至卷十二（履中天皇）乃至仁德天皇纪以后，记述中糅合、杜撰的痕迹十分明显——既有依据史实的记述、也有糅合地方诸神传承的记述。日本武尊·倭建命称作"现人神之子"，或许正是缘起于那个特殊的物语重编期——将各地残留的各类神话编入了人皇时代的物语。此语在《日本书纪》中仅出现一次，不过在《续日本纪》中也曾出现一次。

汉字"命"字解

汉字"命"原本是命令、命名之意。"命运"乃天定之运。令（法律）定则为"命令"。在风土记和记纪中，诸神和天皇的命令称作"みこと"（MIKOTO，御言），下达命令的神或皇族也称作"みこと（MIKOTO）"，而汉字标记正是"命"。另一方面，《古事记》中有注记又在"命"字高贵的意义上添加了"尊"。天照大神尊的"尊"即如是。

在《日本书纪》继体天皇元年的诏敕中，有一段记述简单概括了当时的世界观，曰："神祇不可无主，宇宙不可无君。天养众生、立元首、司（众生之）助养、全性命。"这里正是"天"生养了众生。"性命"，即天定的性质；"身命"亦是天授身体之含义；毋宁说，与和语"いのち（INOCHI）"

相对应的不是"命",却是"性"与"身"。

述及《古事记》中的"命",如前所述在《日本书纪》中也有一处例证,纯属例外,在垂仁天皇二十五年时,在"一说云"的注释方式下,有一段记事记述了天皇"短命"的理由,这里的"短命"正是"寿命"不长之含义,但给人的感觉却是后人添加的内容。

此外在《日本书纪》正文中,也有一处出现了意义含混的"命"字。日本武尊·倭建命来到相模滩①夸口道,"此等小海一跃而过",不料遇上暴风,弟橘媛②称其激怒了海神,"愿以贱妾之身赎王之命投海"。这里"王之命",一般读音为"王のいのち(OUNOINOCHI)",但正确的读音或为"王之命[王のみこと(OUNOMIKOTO)]"。"赎"字乃赎罪的"赎",意为夸下海口的日本武尊须以"妾之贱身"赎罪。在《日本书纪》的会话部分亦可看到"祖父之命"之类的用例。

在《庄子》(达生)中,即有涉及"生"、"命"差异的论说。"生"乃人之所获,人心勿强求;"命"乃天之所定,人力不可违。特意做出如是说明,也许恰恰证明在中国,在受命于天的意义上,"命"、"生"或"性"、"寿"等也是容易混淆的概念。中国亦有著书将"天命"解释为天定之"寿夭"(生命的长短),认为"命"与"寿"乃是同义词语。然而,不妨将"生命"一语普遍使用的时间放在六朝以后。此外在民间,"性命"、生命,似乎并无太大区别。在后世的明代通俗读物《水浒传》中,频有"生命"意义上的如下表现——取了人、兽之"性命"。

殉死之禁与灵魂

在《日本书纪》垂仁天皇三十二年,有殉死禁令之记述。

---

① 记纪神话中开天辟地至鸬鹚草葺不合尊的年代——也是神武天皇以前诸神争奇的时代。

② 日本武尊·倭建命之妃。在记纪传说中替尊投海。

埋葬之时，制作陶偶以替代。

由中国殷王朝的帝王古坟中，曾挖出大量头骨。据说这些遗物已悉数移至台湾地区，专家学者认为尽是10岁大小的孩童。在帝王遗骸旁埋葬生者，乃世界各地古代坟墓中屡见不鲜的共通风习，帝王死后的生活仍需有人照料。在中国，亦制作陶俑以为替代。如秦始皇的巨大坟墓近旁，就出土了大量兵马俑。

而在《日本书纪》中，两度出现的殉死之禁记事乃在孝德天皇实施大化革新的时代。解决这个问题并不容易。大化革新陆续颁布了一些敕令，派遣国司①整饬户籍制度和公地公民②制。身份制上也明确了新的基准区别，有"良民"、自由民，也有仍属他人所有、可以买卖的奴婢。皇族筑建大型坟墓的风习，也受到了限制，理由是给征募的劳工负担太大。从为后世留下教训的意义上看，这里仿效了中国治"史"的目的性。

在大化革新的一系列诏敕中，有一个理念是十分明确的，即天皇治国要顺遂天神之意。此乃中国式"顺天"之变形。在其他的诏敕中则可看到"惟神"这样的词语。注释的解释为追随神道，或神道乃为自有之道。在《日本书纪》的文脉中，意为天皇政治的依据在于神道。

前述诏敕之一，曰："天地生万物，万物最灵乃人，最灵之圣乃人主③，圣主乃天皇。"这里的灵关联于精神性。中国儒学认为惟人类有灵。"灵长"意味着特别优秀，甚至具有超能力者。"天子"则是听闻天声的治人者。然而，这份诏敕又反复强调——天皇既有超群的灵性又有杰出的圣性。而所谓"最灵"，则意味着万物之中人的灵性最优。因此，这里的关

---

① 律令制度下，朝廷派往诸国的地方官，有守、介、掾、目四等官阶，再下面则是史生。衙门称国衙，所在地称国府。

② 所有土地、人民皆归国家即君主所有，否定私有。日本古代大化革新时的宣言，之后成为律令国家之理念。

③ 人君、君主。

键点是万物有灵之理念。

日本的祝词中有"树灵"、"稻灵"之类用法。"言灵"（事灵）亦属同类。这些用法近似于希腊神话中的精灵（灵魂）。中国的《楚辞》中也有"精"或"精气"之类用例。《日本书纪》写道天神子孙受神灵之助。但在《古事记》中，仅有一处关乎死去天皇之"灵"的用例。"灵"的用法很难确定。

佛教的浸透

《日本书纪》敏达天皇十四年，苏我马子①罹病，出愿天皇，佛像前祈愿为己延长寿命，此时疫病流行，死人无数，旋颁发禁令，物部氏烧毁了佛像，却疱疮流行，百姓窃语，此乃烧毁佛像惹祸。书纪记载了长生不老的祈愿和神佛双方的崇行，写到因此佛教开始浸透的景象。卷25中，苏我系仓山田大臣受异母弟谋反谗言遭大军围剿，他亦在佛像前起誓："纵有来生再世，亦绝无怨恨君主之念。"这里出现了来生再世的观念。

斋明天皇时，命诸寺讲诵《盂兰盆经》，供养7代祖先。7月15日盂兰盆会，僧三个月足不出户囚于一室，终于修行安居，担当了皇室中供养祖先的职责。相对于印度处在阶级制度之上的婆罗门教，作为个人宗教兴起的佛教没有祭祀先祖的习惯。然而在公元6世纪前半叶的中国，祭祀祖先的习惯却作为年中祭日确定下来，据传在公元7世纪传到了日本。

壬申之乱②（公元672年）后天武天皇一代，朝廷开始效仿唐风，仪礼和官吏的服装等都变得色彩丰艳，佛教也受到尊

---

① 飞鸟时代豪族，稻木之子，敏达天皇以下四代大臣，促进了佛法兴隆，剿灭了物部守屋且暗杀崇峻天皇。

② 天智天皇死后，近江朝廷拥立长子大友皇子（弘文天皇），但栖居吉野的皇弟大海人皇子（天武天皇）却于公元672年（壬申年）夏起兵反乱。经一月余激战后，大友自杀，大海人于飞鸟净御原宫即位，此乃律令制确立的机缘。

崇。虽曾出现瑞祥之兆，但天翻地覆的凶兆亦屡屡呈现。天皇殁后又生大津皇子之变。乱象世事。承继天武朝的持统天皇迁都藤原京，确立了律令国家体制。作为其中一环的，正是列为课题的《古事记》之编纂。为了强调皇统乃统治大和国家的正统，各地的神话皆纳入了天神系谱，且以历史物语的形式得以重编。毋宁说，《古事记》是皇室的私物。

接着，以天皇年代记形式编纂的便是《日本书纪》。中国的正史并无关于佛教的记载；显而易见，《日本书纪》中却有关乎佛教的记事。毫无疑问，为了显示日本朝廷的独自性，《日本书纪》一方面运用了规范的唐都长安语言，另一方面却将佛教记事编入其中且采用不同于中国的、规范的"史书"编纂形式——中国自然没有神代连续。而在日本，《日本书纪》自然具有"正史"之义，显示了各部族、氏族对于朝廷的附属关系。实际上，《日本书纪》在各地皆有不同的解释，留下了大量私注。相反《古事记》直至江户时代"国学"兴起，近乎一直处于秘藏的状态之中。

常世

在记纪正文中，以农耕民为主的庶民被称作百姓，作为善政之证据，记纪中记述了减轻租税给百姓带来的欢欣。歌谣中，有田野、海上劳作之歌，也有酿酒劳作时的诗歌。不过歌谣部分，几乎都是将民间吟咏的作品直接选用于记纪的情节中。记纪编纂的重点，在于记述朝廷及朝廷相关者的系谱，因此在歌垣①等处吟唱的关乎男女情事的作品大多被删除。此外，记纪内容越往后，阴谋争夺皇位的相关记述越多。在这样的一些部分，民间的流行歌谣引人注目——主要是预兆凶事的童谣。

说道《日本书纪》皇极天皇三年的蝗灾，童谣亦难脱干

---

① 古时男女吟唱、歌舞的场所，以一种求婚方式实现了性的解放。

系，蝗虫的幼虫被以讹传讹地称作"常世①"神，而散布谣言者受到了秦河胜②的惩治。据传，祭常世虫可发财、长寿或返老还童，世间趋之若鹜，不法之徒乘机诈取百姓钱财。无论哪个朝代，人们都在疯狂地寻觅长寿和返老还童之道。

后了解到常世虫乃蝗虫幼虫且与橘或山椒相关。古时的橘被称作橙或枳，柑橘类。记纪中垂仁天皇遣田道间守③赴常世国取"非时香果"，如今称作橘。"非时香果"的含义是越冬果不落且果香恒久。自古以来，其花、果皮和树叶皆可晾干而为药草。因此也与长寿、常世联结在了一起。"常世"，其实是世上并不存在的、乌托邦似的幻想。其字面意义正是不变的梦幻。记纪中，常世乡是在海洋的彼岸。

再者，《万叶集》（卷九）和风土记逸文中留存的浦岛传说广为人知。据载《日本书纪》雄略天皇二十二年，浦岛子去了蓬莱山。因而，其不变的祈愿中浸染了神仙的思想。

三　生死恋情

万叶中的"命"

在风土记和记纪中，涉及いのち（INOCHI，生命）之和语时多用"生"字，"命"的用例少之又少。但《万叶集》中的"命"字用例却很多。在四千五百一十六首歌作中，出现"いのち（INOCHI）"一词的有七十六首，其中五十一首以"命"字标记。余下的有十三首标记为"伊能（乃）知"、十二首标记为"寿"（亦有一说称，其中一首"命"字用例的和歌，标记却为"寿"）。此等标记的理由在何处，在《万叶集》或之前柿本人麻吕编辑的《人麻吕歌集》乃至山上忆良

---

① 恒久不变之意。
② 飞鸟时代山背国豪豪，侍奉于圣德太子，公元603年在葛野郡（现京都太秦）建蜂冈寺（现广隆寺）。
③ 记纪传说中的人物。

的《类聚歌林》中，中国古代《诗经》或《楚辞》的影响亦无法排除。记录下包括神话传说的民众歌谣，为帝王、君主歌功颂德，让作为教训的记录传承下去，乃至对于人情的朴素表现或形形色色地方风俗的尊崇，这些思想的反映皆来自中国古典。而且，纵观中国诗歌和日本诗歌的生成过程，二者亦有某种样式上的同一性即同样面对着一个散文传统——记录、指令、书信乃至思想之表达，在一种对立中，两国诗歌渐渐掌握了个人感情之表现。个人感情的显著表现，正是与人相聚的欢愉和与人分别的哀愁，说得极端一些即前者是情感、后者是死别。那么理所当然，《万叶集》中最多的正是相闻①与挽歌。如下说法想必是成立的，个人创作的和歌也遵循了某种规则——歌谣乃以和语记录，而万叶假名只是渐渐得到了广泛的应用。

在"いのち（INOCHI，生命）"的意义上使用了"命"字的和歌，集中于《万叶集》卷四、卷十一、卷十二中。三卷一共有三十首。占五十一首的六成。以上三卷收入的和歌数量也较多。卷四最多的是相闻歌，而另外两卷中则是相闻往来歌居多。也许原因正在于那些和歌多为恋歌（情诗），"命"字的使用自然就多了起来。在一些和歌中使用"寿"字祈愿长寿，有时则借用"伊能知"三字，这些文字也经常见诸于恋歌。或者可以说，"いのち（INOCHI，生命）"一词原本与恋情关系密切。

恋情与生命

众所周知，《万叶集》开篇的和歌表现了雄略天皇优雅地向田野摘菜的姑娘求爱。然而，那并非恋情。恋情是予不在身边的对象的思念之情。那种思念使人焦虑痛苦，生不如死，思

---

① 《万叶集》的和歌分类之一。广义上讲，包括唱和语赠答和歌，但以恋爱和歌为主。

念者要向恋人倾诉的是"不堪思念命细如丝"或"生命可贵爱情更高"的恋情。这正是"向命之恋"亦即"舍命之恋"。此外，这种恋情也被表现为"生命的最大延续"，思恋的痛苦令之生不如死，以至于不时地表达出"为爱赴死"的决心，不论男女。

歌集中有两处关乎"息绪"①的词语表现，皆意味着生死之恋。"息绪"乃生命之纲，《万叶集》中涉及此词的有十五首。此时关联于恋情、生命的和歌大大增加。不妨说，为爱舍命这样的表现，仿佛变成了热烈恋文（情书）的固定文句。

其基本形态且看如下歌谣——"御诸②山下寝真葛，梦醒玉枡笥。"（第94号和歌）歌中出现了蔓草的名称"真葛"（还出现了作为美称的接头词"さ"），同时有语言游戏的成分在内例如通过那般吟咏，竟联想到"与尔无寝死不甘心"这样一句来自俚语的求爱文句。听者拍手哄笑。这个男人是进攻型的，吟咏的文句新鲜而虚幻。当然，也有一类戏谑歌（2572）③怂恿道——谎言编得更加巧妙一些哪。恋歌还是拟人化的，歌作中亦有"恋奴"一词，用以嘲弄低下之人——奴婢或奴隶。此类和歌具有自我嘲弄之意味即一旦陷身为"恋奴"，恨不能早早成为刀下之鬼（2907）。

歌集中也有一类和歌，表现了刀剑弓矢之下的恋争，那仿佛是真正的舍命之恋。作品中，称作芦屋菟原处女的美女，是刀剑之争的对象，引发这样大动干戈的骚乱，哪里还有结婚的可能，只能以身赴死，黄泉下见面了。争斗的男人们也追随姑娘赴死，留下了三座坟墓（1809）。当然啦，这些都是传说。

和歌之"命"

大和语言的"いのち（INOCHI，生命）"一词语源不详，

---

① 「息の緒に思う」や「息の緒にして」。
② 镇神之所，神树、神山、神社等。
③ 数字表示和歌在《万叶集》等歌集中的序列位置（编号），后同。

竟然也会写成"肝の血（INOCHI）"。作为标记，更多场合适用的是"性"与"身"。然而，恋爱中的生命似乎很难确定是应视为生物状态呢，还是应当看作一种精神的活动。作为身体与精神支柱的核心，不妨说那是人之生命中最为重要的东西，没有了它人就无法生存。与其说此等知识以汉字标记无法辨明，毋宁说没有合适的文字。

例如在柿本人麻吕的和歌中有"长命"一词（217）。本来长寿乃天定，柿本却在生命夭折的意义上使用。本来以"寿"字表记也未尝不可。但原本天定意义上的"命"，此时却转换为天赐之"いのち（INOCHI，生命）"。毋宁说，在凝缩思想的表现或语调规整的和歌中常选用较多含义的词语。我们很难判断，汉字"命"的选用是多还是少。柿本人麻吕的这首和歌，好像创作于持统朝时期。但那种表记确定于何时，却无从判定。

作为关乎"いのち"（INOCHI，生命）的枕词①有如"魂极"（たまきはる，TAMAKIWARU）②。曾经有过"灵克"之类的文字表记，却似乎意义不明。《万叶集》中，"灵"的用法似局限于高祖神御灵、神灵及类似的神秘物象。而此等用法在崇尚神话的《楚辞》中多有展现，《万叶集》或也受其影响。

不过《万叶集》未曾出现过"魂"字。在恋歌（情诗）类中，仅可看到一首用例（3767）——表达对象的"真心（真诚）"。虽已完全了解对象的真心，情恋照旧令人心痛。另有一首则在幽灵的意义上吟咏了"人魂"（3889）。最后，"玉绪"一词，也时常与"いのち（INOCHI，生命）"一词连接。这里另有一层含义，即珍珠一般的无数玉石，被串在了一根线绳上。在此唤醒的意象，正是断了线绳的宝石散落一地。

---

① 枕词：古时和歌常见的修辞法之一，冠于特定语前作为修饰或调整语调。
② 另一个关乎"生命"的词语。

空蝉

作为以"命"、"世"为中心的枕词,另有一个词语是"空蝉"。这个词语的意蕴十分丰富。原指称聒鸣的夏蝉,后多用于人的现实存在。读音同样,但汉字标记却变成了"现身"。

在《万叶集》中,这个词语最先用于神的对比。有一个传说,大和二山以女山为中心发生了战争。一首和歌(13)咏叹道——神代有"虚蝉",无论生死也争妻。显然,这是一首神山传说中的讥讽式和歌,据说《万叶集》中的作者是中大兄皇子(日后的天智天皇)。这首和歌暗示的是,作者与皇弟大海皇子(后为天武天皇)为额田王进行的争斗。因此在这般场合,只能意味着对立于神的现世之人。

时常也有一些不同的说法,有将死者生前的形态称作"现身",亦有说法指称死者留置身后的肉身。还有人指出,在"空蝉"这样的表记中,寄托了咏者的一声叹息——喟叹现实中身世的虚幻。

世事无常的喟叹,未必仅局限于佛教观念。《诗经》(大雅、文王)中亦可见到"天命无常"的诗句,《诗经》一方面是对于君王的祝词,另一方面也是君王难保天命之说教。《楚辞》中的长诗《天问》也可见到"天命反侧"的文句,意味着天改定数易如反掌(天命无常)。之后,中国经历了秦汉的帝国时代、战乱的三国时代且由北系隋王朝转换至唐。然而,日本终究与"天命维新"无缘。

人麻吕的"神意"

在光彩夺目的天武·持统王朝,曾出现一位极具语言天赋的宫廷歌(诗)人柿本人麻吕,他仿佛使《诗经》(大雅)具有的雄浑宏大之气魄,反映到了大和语言中。在人麻吕的和歌中,大和的天地变得如此壮丽,他把天皇歌颂为真正的神——"大君贯日月，神系天云覆雷山"（235）。此外，他将草壁皇子之子轻皇子（日后的文武天皇）颂为"日之子"即天照大神的子孙或"惟神"（45）。此用法在草壁皇子逝去时的挽歌（167）中可以见到。尤其是颂扬天武天皇事迹的挽歌（199）具有庄严的音调，简直给人带来了一种感觉，仿佛《古事记》序中太安万侣的说辞在"和歌"中得以实现，天武天皇被颂扬为超越周王的明君。

而《日本书纪》中的"惟神"则接受了天神之理，乃天神之理实现于天下的天皇使命之义，人麻吕将天皇与亲王的姿影、行动颂之为"惟神"。此等表现涉及了中国古代王朝浓重的巫觋面影——祈愿天命不易、天子万寿、盛世万年。这种"惟神"的用法又是在天武朝气风的影响下成立的。右大臣（死后封赠）大伴御行也歌颂了大海皇子（天武天皇）的壬申之乱平定，称其"大君贯日月，神系天云覆雷山"且定都于大和这块尽为农田的土地（4260）。

众所周知，柿本人麻吕也留下了许多吟咏个人的和歌。在追慕亡妻的挽歌中，诗人展现了一个凡庸男人的形象——追寻亡妻的面影走访了亡妻常去的都市，或迷失山路或抱着孩子叹息。人麻吕还在旅途中看到了一具无名者遗骸，头枕着波涛横卧于荒矶之上。人麻吕为之赋上了一首挽歌（220）。

忆良的养生思想

个人咏诗又当别论，如果说，柿本人麻吕展现了神话象征支撑下天武朝的最后光芒，那么，大化革新后，透彻展现律令制度完善后之朝廷精神的歌人（和歌诗人），便是山上忆良。忆良留学长安，习得了儒学、佛教和道家思想等。归国后，致力于民间歌谣与和歌形式的完善，且将汉诗的技法借用至和歌世界中。他开始运用前置词①，创发了新的、歌记式的和歌创

---

① 说明文。写在和歌前面说明其吟咏意趣的文字，又称作题词或序。

作方法，且用万叶假名记录下自己创作的汉诗。山上忆良的生命观也相对齐整。

忆良有一首和歌是在筑前任国守期间创作的《惑情反歌》（800）。大意是为人之道，尊敬父母，慈爱妻子，理当携同赴任，却前途未卜；而轻视家属、离家出走者愧当为人；若赴天国，或可自由任意；而地上天皇治下国度，处处事事治理有方，不能随心所欲。这首反歌呼唤的是——仙人之途仍遥远，归家安心谋仕事（801）。

此和歌堪称为律令官僚的教训歌，舍弃身边亲属而寻求自由的心愿本无可厚非，但更加重要的文句意蕴却是，人类生命何时、何往皆未可知！

脍炙人口的忆良长歌尚有《食瓜思子歌》（802），汉文序中写道，释迦如来以平等心善待众生，尊贵的释迦如来同样亲爱自己的孩子。忆良还在其《贫穷问答歌》（892）中吟诵了贫苦中的民众，亦缘自佛教的平等观。在汉诗《沉疴自哀文》中，有引自《寿延经》祈愿长寿的一节，其中有"命终"一词。正文中也将折天寿赴死记作"命根乃尽"。如今存于正仓院的《寿延经》乃当时甚为流行的伪经，也许"命"字标记习惯的出处之一正在于此。

熟知佛教思想的忆良在《沉疴自哀文》中慨叹自己不幸罹病，同时认为疾病并非来自神佛灵验或恶鬼行祟，也表明于念咒、祈祷类全然不信的态度。他强调了疾病的原因潜在于身体内部，亦强调避开疾病侵扰乃人生的最大幸福乃至养生的重要性。忆良像是在唐学习了古医方。

其生命观的核心在于生乃天地之大德，生及得以为生者皆以有限的"身"为栖所，却又祈望无穷之生命。"天地之大德曰生"，出自《易经》（系辞传），据说是随意抄引了道家著书《抱朴子》中的文句。道家经典《老子》（辩德）中亦有如下陈述——"死而不亡者寿"。这里的含义或为，肉体消灭而仍有不灭者乃真正的"寿"——无穷之生命。

在《沉疴自哀文》中有诸多中国著述的引用。例如由《帛公略说》这部记述了传说中人物的著书中引用了"贪生畏死";由鬼谷先生著书引用了"生"极珍贵、"命"极重大一节。这些似乎都是关乎道家养生思想的俗说。

在诸多仙人活跃的道家经典《列子》中,杨朱的主张是行动顺从自然本性。春秋战国时代的诸子百家言论集《吕氏春秋》(仲春纪贵生)中,则可见到如下文句——"圣人深虑天下,莫贵于生。"此外还转引了子华子的"全生说",即人生的最高境界是正确面对生命、从各种欲望得到益处的状态。他建言道,食腐鼠肉饮劣质酒乃是迫生,生不如死。然而,《孟子》却将道家这样的养生思想斥之为"为我"和利己主义。儒学排斥个人,重视公共之义。因此,儒学不会主张生命至上。孔子对养生思想认识深刻,仍在《论语》(卫灵公)中强调"无求生以害仁";《孟子》(万章章句上)则称:"生义必取其一时,当舍生取义。"公元前3世纪前后的《荀子》(王制),则强调礼义至上的养生。儒学中,并没有"无穷养生"之观念。

旅人和家持的无常观

大伴旅人身处北九州太宰府时有一首慨叹歌——"举目看苍穹,万般世事皆空幻,徒有哀悲叹"(793),诗后则有述说诸行无常的汉文、汉诗。另有十三首自喻为"竹林七贤"的《祝酒歌》,其中一首如下——"茕茕俗世中,幸得知己把酒乐,来世作鸟虫"(348)。虽知佛教主张轮回转生,大伴明确展示的却是现世享乐的欲望。

如此,天武朝的官人们领略了儒学和镇护国家的佛教,同时以游戏之心将那般知识吟咏在和歌中。在公元3世纪的中国,儒学沦为权术谋略旋涡中的政治与形式。七贤人心生厌倦,聚于竹林,对酒交欢,侈享清谈,从而使自己获得了即时的慰藉。旅人与忆良私交甚笃,便同游恍若仙境的松浦川,眼前晃过的姑娘们犹如仙女。他们亦憧憬仙人修得的境界——永远长寿之真谛。

　　忆良和旅人展现了中国传来的生命观，因而成为时代的先觉者，且他们并不单一地崇奉神道、儒学、佛教或道家思想。也许正因如此，他们才没有压抑自己心中生命之欢或长命百岁的朴素欲求而将之表现在作品中。

　　可以料想，后来的那些宫廷中人虽各不相同，却大抵与他们有着近似的生命观。且看《万叶集》根底里并存的、多彩多样的生命观，和歌作者喜欢表现的或为笑谈式、土俗式的性爱或为生死之恋情。

　　而《万叶集》的编纂过程仍处于谜团之中。一个定论，即与旅人之子大伴家持关系密切。大伴家持有如下歌作，"现人即空蝉，世事无常乃天定，知者徒伤悲"（465）。"常なし（TUNENASHI）"的表记是"无常"。正如题词所示，如果说那是家持年轻时痛失爱女的歌作，那么圣武天皇（公元724—749年）在位的天平文化兴盛期则派遣了遣唐使，促进了佛教的兴隆。其背后却笼罩着政争的空气。贵公子年纪轻轻归向佛道亦属当然。因为他自小就频频祈愿，一定要进入佛门。其越中国①守②之后的和歌亦可窥见来自佛教的平等观。也许，家持即便返回都城，接受的任命若非兵部少辅，其"防人歌"也便无望编入《万叶集》。

　　越中时期的长歌《世中无常悲歌》（4160），是以如下表现开头的——"从天地遥远的当初，人们便不断地传说世事无常。"甚至连记纪神话，也包含于无常观之中。其自然吟咏，自然令人感受到包容天地的宏大抒情。

---

① 越中国：古时日本地方行政区之一，位于北陆道，现为富山县领域。
② 越中国守：大伴家持曾任此地地方官。《万叶集》中许多和歌关联于此。

第二章　净土、恋情与土地
　　——从中古到中世

一　往生与地狱

往生思想

　　大伴家持晚年，恒武天皇即位（公元871年），为彻底更新藤原氏执牛耳的奈良朝而迁都长冈（公元784年）。然而由于冤死的皇太子早良亲王怨灵作祟，公元793年又决定迁都山城国葛野，着手平安京的建设。恒武认为，须确立新的世界观。于是最澄出愿渡唐，公元804年抵浙江省天台山学佛，约一年后归国。公元806年在比叡山开创天台宗，推行了针对奈良南都六宗的佛门改革。

　　而与最澄同船渡赴中国的空海则去了长安，学习直传于印度的密教，成为真言密教的第八代祖且广泛汲取了唐代中国的文化，于公元806年归国，公元816年在高野山开创真言宗道场，公元823年嵯峨天皇赐京都郊外东寺（教王护国寺），旋以此为道场。空海之教伴随着诸多传说，在民众中流传甚广。

　　最澄、空海皆具强烈的末法思想——即释迦入灭后起于印度的思想，认为佛法衰弱将导致伪法出现，中国天台宗将持续一万年衰微，便须兴隆佛法。7世纪初道绰编《安乐集》，主张混沌时代的"净土念佛易行道"。所谓易行，即容易修行之意。

在此基础上，平安时代中期，天台宗佛僧源信由经典中精选出一些关联文章编成了《往生要集》（公元985年）。源信宣扬的是，"厌离秽土"，"欣求净土"，直视并远离现实之苦与不净，往生净土，方入觉悟之境地，体会入境之欢愉。他强调念佛的必要性，尤其是唱经念佛，心中念想极乐净土。临终之时，念佛更显得必不可少。这种观念，在临终祈愿往生极乐的众生中扎下根来，不久便成为日本净土教系的基础。据说，《往生要集》也对中国佛教界发生了影响。

成佛的思想

大乘佛教经典《大般涅槃经》描述了佛陀入灭，强调"一切众生皆有佛性"，即所有的人，内心之中皆有佛性的存在。佛教初期成书的《华严经》主张，唯"有情"、有心者方有佛性。古代印度思想则认为，会动的虫子是有心的，而草木却是无心的。因此，草木不会成佛。印度菜食主义（素食主义）的根本，正在于这种理念。

然而，最澄却留下了"木石佛性"这样的说法。空海的《吽①字义》，也主张草木有情，因此也能成佛。这里同样模仿了中国的相关论点。在中国，也认为草木是有"生命"的。石头也会凝"气"而"生"。

在天台宗信奉的《法华经》中，有伪装与本性的说法。现实存在的是伪装，而隐于其后的是本性，即本来的面目。草木是伪装，本来是佛。《华严经》之"珠珠无碍"，乃许多宝玉竞相争辉而其中一珠映现整体之景象，天台宗将此景象归纳为"一即多、多即一"。依据这样的逻辑，《法华经》讲述的佛性潜在性便被看作原本存在的、众生的本来面目。

最澄的弟子们传承了最澄的这般理论，且在问答、争论中，于公元9世纪由天台宗的集大成者安然高僧，创立了草木

---

① 梵音，闭口音，相当于万物的终结，作为一切归结的智慧。

发心成佛的理论即自身祈望成佛。

立地成佛

展开于日本的具有佛教特征的生命观之一，乃立地成佛思想。空海借用齐名于《大日经》（公元7世纪中叶）的另一部密教经典《金刚顶经》之思想著《立地成佛义》，后日莲宗亦接受了这种思想。

依据佛教的传说，释迦历经了生生死死终得觉悟。而立地成佛的思想，强调的却是现世肉身亦可开悟。空海将万物看作大日如来之表现，将宇宙实相看作本体、样态、活动三个方面，他一面弘扬这种思想，一面展示修行之法。这种方法亦被称作三密加持或三密瑜伽——将佛的世界观想为图绘曼陀罗，以指印象征佛之法力，以口唱揭示佛之密语（真言、符咒），心中观想佛所象征的那个图形（三昧耶形）。

在印度，瑜伽原先意味着心灵缚于此世的烦恼，梵我合一、身心合一，将念想会聚于心中潜存的神灵法力，进而在与绝对神、梵天①一体化的过程中变换意义，最终皈依婆罗门教或佛教。

然而佛我合一的理念之成立，须有佛常在。《法华经》有假象相实相之分，实际存在的释迦牟尼乃假象，永远存在的佛则是实相。《无量寿经》（公元1世纪前后）亦称，菩萨当下正在西方净土说法，如此生者成佛便被理想化，断食绝命受到尊崇。形形色色的传说得以传承——如高德圣僧立地成佛时，飘溢出怡人的馨香。

《日本灵异记》中的"命"

平安时代初期编纂的佛教话集《日本灵异记》（公元822

---

① 印度教的最高神。

年前后），生动展现了最初活跃于奈良时代的私度僧①的世界。私度僧未经官方认可而对庶民传播佛教，或倾力于多类土木事业——河上架桥、田中引水。在《日本灵异记》（上卷28）中记载了一个传说，修验道②始祖的役行者③遭一言主神④逸言、向天皇告发他企图谋反，天皇即将其母扣为人质，将役行者流放至伊豆。然而，据说修行日深之后，便可用咒语镇封一言主。在日本，民间布教的僧人们必须加入有关山神之类的信仰中，他们便有了日本"神国"的意识，在这种意识中弘扬佛之功德。

然而，佛教轮回转生思想包容"神国"的根据却在"本地垂迹"⑤说——印度永远普遍的"本佛"为普度众生，在日本化身为神的形态即谓"垂迹"。在神前念诵佛教经文或建"神宫寺"以为神社守护佛，此等习合⑥，在公元9世纪中叶进展迅速，至10世纪变得更加正常、普遍化，甚至菩萨或阿弥陀佛都变身为神，所谓"权现"⑦信仰亦兴隆起来。例如八幡权现、熊野权现，统统依据了这种理念。

在《日本灵异记》中，拯救众生于万般苦恼的观音信仰居于中心地位，其基础正是净土教奉为经典的《无量寿经》。"凡见一切生物，应生慈念"，或这种观念包含了忌杀动物的戒律。在野兽亦为生物的意义上标记为"生"，在救助生命的意义上时时标记为"命"，在佛之高深莫测意义上则有"全命"之说，而在保全天寿的意义上则是民众永世不变的朴素

---

① 日本奈良时代末期至平安时代初期，未经国家正式考试通过而自称僧侣者。

② 一种归属于佛教的、日本古来的山岳信仰，或日本独特的混合宗教，即在深山中体验严峻的修行，以修得种种"验证"为目的。修验道的实践者被称作修验者或山伏。

③ 奈良时代的山岳修行者，修验道始祖。

④ 居于葛城山之神，吉事凶事皆仅出一言。

⑤ 佛教谓佛、菩萨从本体上示现种种化身，济度众生。

⑥ 相异教理的折中、调和，尤为典型的正是神道与佛教的习合。

⑦ 佛·菩萨为拯救众生，变换种种身姿现身。

愿望。

"杀生"之类违反教义的行为将受报应,"放生"之类顺应佛法的善举则将获得动物的报恩。这种灵验故事不胜枚举。大乘经典(上卷23),说道于父母不孝将入地狱,这似乎参照了净土三部经之一的《观无量寿经》。此外,在大乘经典(中卷10)亦有强调,人兽虽有尊卑,但从尊重生命的意义上并无二致。

在《日本灵异记》(下卷38)中还出现了"无种性①众生"的说法。这与《大般涅槃经》的"一切众生皆有佛性"是相抵牾的。佛教经典形形色色,有佛教生成时期的经典,也有翻译成中国语之后的经典,此间产生了种种差异。因其传播过程中还伴随着伪经和解说书籍的出现,时而也会掺入相互矛盾的观念。

地狱思想

佛教观念强调现世行为不同,结果也不同。违反戒律将入地狱,堕入"饿鬼道"或"畜生道";转生者才是卵生或胎生等(六道四生)。亦有教称,女性无法成佛,须变身为男性方可成佛。在佛教理念中,拥有生命者皆有成佛之可能性,在此意义上才是平等的,但所有生物包括人类的男性、女性,又并非保持原样的平等。人类也有天生无望成佛的种类。死后不能成佛,只好下地狱。

在《古事记》中,伊邪那美前去的死者之国被描写得凶残、悲惨,但她并非因受罚而下地狱。大乘佛教尤其是净土教系弘扬的理念,乃生前多有"放生"之类善举者,死后可赴极乐净土;杀生者死后则下地狱,为生前犯下的罪孽而接受惩罚。

古代印度吠陀②信仰中支配冥界的死神阎魔(梵语音)不

---

① 完全没有觉悟之可能性的人。
② 完全没有觉悟之可能性的人。

仅仅是惩罚，而是苦乐报应、抑止行恶之意；佛教中则变成死后接受的判罚；与中国道教发生关联后，阎魔则被列为掌管冥府的十王之一。

在《日本灵异记》中，许多故事皆有阎罗王，讲述的则是生前的恶行遭到判罚，却成为由地狱甦生、返回俗世者眼中的风景。这里强调了地狱的真实存在，但其形态尚未固定下来。

生命的执著

院政期①编纂的佛教故事集《今昔物语集》（12世纪初）承继了《日本灵异记》中的诸多故事，其中"命"字一语，同样表示着动物或人类生命之意义，且在"有生之命"的意义上，使用了"生命"一词。近世，此般用例十分罕见。现世呵护生命则是理所当然的事情。在《今昔物语集》中，有故事笑话武士无谓地丢弃性命（本朝卷27—4），《宇治拾遗物语》（镰仓时代初期）也对无谓之死表现出强烈的抵抗意志，断言"人的生命至高无上"（卷10—6）。

又如，镰仓时代后期兼好法师的《徒然草》（14世纪前半叶）中有人称，"人当憎死而爱生，日日品味存命之喜"，《徒然草》记述道，说那句话的人遭到了众人的嘲笑（第93段），且称"人命间或待雨晴"（第188段）。这句话揭示了生命的无常，因此与时常强调佛道修行的激励形成了对照。同是讲述佛道，却处在互为表里的关系中。

在中世，无常观常常表现于上流阶层，就像民众意识所强烈反映的那样，中世强调现世生命的重要性。也许，强烈地执著于生命，希望获得永恒生命，那般净土成佛的愿望才益发强烈。

---

① 名目上持续至江户末期的光格天皇，实质上是至镰仓末期后宇多天皇时期的约250年。

艺能中的地狱和成佛

《一遍上人语录》("百利口语",镰仓时代)中有诗句云:"命薄似晨露,瑶台须多磨,一度无常风,英散无花姿。"现世人生中值得讴歌的,其实正是生命的无常。再有如下文句,"专愿安养乐,勿忘三途苦"(时众制戒)。三途的河流正在趋向地狱的渡口,重要的是小心谨慎,不要在死后跌落至地狱。此时,出现了形形色色展示无边痛苦的地狱图。厉鬼们被拖下地狱后,虎视眈眈地盯视着庶民们的日常生活。

镰仓时代初制成了《佛说地藏菩萨发心因缘十王经》(《地藏十王经》)。室町时代又增三佛,扩展为十三佛信仰。作为初七日至三十三回忌的忌日诸本尊,相当于拜佛、拜菩萨之类习俗。

在日本能①的世界——"清经""敦盛"等修罗物(二番目物)②的场面中,战功卓著的武士因杀生之罪,来世堕入了修罗道而不能成佛。此外亦有一种称为"通小町③"的地狱能。另在以女性为主角鬘物(三番目物)④的《江口》中,游女江口乘着屋形船登场,她一边舞蹈一边述说着罪孽深重的身世乃至对于爱欲的执迷和悲哀。游女舞姿婀娜,屋形船则变成了普贤菩萨所乘之灵兽白象,悠然消隐在西方的天空中。此乃佛教功德的艺能化——罪孽深重情念中的人心救济。能剧在镰仓时代后半叶多属寺院,乃为布教之手段。虽在南北朝·室町时代有了完整样式,但与佛教本身有着深厚的因缘。

---

① 日本艺能之一,发展自猿乐的歌舞剧。亦专指猿乐、田乐。
② 能剧一个种类,以武人灵为主人公,多为战争题材,描写武人死后苦于修罗道。正式节目为五节,此类能剧多排在第二节,也被称做"二番目物"。
③ 能之一种。观世阿弥改作、世阿弥补作。传说深草的四位少将百夜通行见小野小町,少将死后,其魂灵竟妨碍了小町成佛。古称,四位少将。
④ 同上。

《方丈记》

12世纪中叶，鸭长明出生于下鸭神社之家，自然承继神官之职。他向后鸟羽上皇展示自己琴艺、琵琶乃至歌赋才能，但众人的恶意却屡屡阻遏了他为数不多的荣升之途，最终舍弃了俗世，在京都伏见日野山下结于方丈庵。《方丈记》（1212年）开篇广为人知——"河水湍流，而一去无返"，形容世间人物天变地易，星移斗转。《方丈记》后半述及身世，死前所执唯有景色，展示了弃世之人的生活状态——忘我于茕茕一身的养生之道。

仿佛禅宗之无一物境地的具体显现，长明没有执著于禅宗之念。对长明而言，唯舍弃世俗性的自尊欲望，才是远离人间嫉妒、达至安心立命之境的唯一途径。"立命"原本出自于《孟子》（尽心章句下），乃顺从天命、保全吾身，也是舍弃一切名利而静心"养性"之意。长明记下了这些文字。毋宁说，这样的观念也接近于道家的理想。虑及世事之变幻，唯一可以接受的道理正是他之前已经具备的佛教无常观。

或许正因如此，长明才在最后阶段舍弃了一切执著，迫不得已对照那般佛道，开始将闲寂居所的自足之念批判为心灵的玷污。然而在这种批判的尝试中，其心灵变得无所适从。假装念佛，徒有其表，结于《方丈记》。好容易抵达了此般境地，却骤然改变态度，产生一缕狂妄之感。长明编纂的佛教说话（故事）集《发心集》（公元1215年前后），不妨说基础便在"安心立命"之精神。然而就在长明隐居山中之时，世事变迁，佛教革新的火种已星火燎原。

他力本愿

唱念阿弥陀佛之名，乃唯一绝对的修行，藉此往生极乐净土。在这种理念的作用下，源空（法然）于镰仓时代初期创立了净土宗。净土宗倡导的正是"他力本愿"——即要一味归依于阿弥陀佛。它获得民众狂热的支持，成为一股巨大的势力。其理念中的解脱、觉悟，彼岸化的方式便是净土成佛。这种理念招致其他诸宗的反感，法然最终被判罪流放。

亲鸾年轻时曾住京都六角堂，梦见观音，留言"念佛行者犯交合之罪，将自变人妻遭人侵"。为解其意，亲鸾拜在法然门下成其高徒，但亦获罪流放。流放中娶尼为妻，"非僧非俗"，自称为"愚秃"——即非属僧人的愚钝、秃头男子之意。允可食肉，在家念佛，且女性亦可成佛。这种信仰的基础不在表达自己内心之期盼，而基于一种"绝对他力"的理念——靠阿弥陀佛的法力获得一切，且以朗朗上口的词语编成"和赞"①，致力于民众之教化。净土宗主要在关东民众间影响广泛，镰仓幕府曾经禁止，但其传播势不可当。

一般说来，崇拜诸佛的佛教没有绝对神。然而一味归依的对象，却仿佛绝对神。此外，在密教最重要的经典之一《大日经》中，显然，以太阳信仰为基本的大日如来，亦被当作了超越昼夜、一统世界的原理。这也便是存在于世界内部的绝对神。

亲鸾的"唯信钞文意"，主张佛性即如来充满于"微尘世界"，海洋和草木国土尽皆成佛。这里叠影出庄严、辉煌的《华严经》形象——强调菩萨法力遍布世界各个角落。《华严经》频频出现的词语正是"微尘"、"国土"和"海洋"。

13世纪前后，净土教的隆盛等同于天台宗的衰退，日莲便立志于法华信仰的复兴。倘净土教未遭禁压及于国难，则如《立正安国论》（1260年）所记上奏前执权②北条时赖，自然受到来自信徒们的种种迫害。日莲在《当体义抄》之类的文

---

① 用和语编成的佛·菩萨、教法、先德赞叹歌。赞叹起于平安时代，延续至江户时代，七五调句式重复，亲鸾的惯用是4句1章。源信的《极乐六时赞》、《来迎赞》和亲鸾的《三帖和赞》等有名。

② 镰仓幕府政所、别当（古代特殊衙门首长）中最高职位者，辅佐将军统辖政务的最高官职。源实朝时代北条时政任此职，以后北条氏世袭。

牍中称，笃信法华经、唱念南无妙法莲华经者等同于娑婆常寂光土。另一方面，中世也是佛教诸派争斗不断的时代。

见性

另一方面，在镰仓时代，禅宗的渡来僧到日本，也有赴中国学禅归来的日本僧人。他们以镰仓五山、京都五山为中心创立了新的文化。五山寺院在庄园的经营上亦得心应手，尤其与足利政权加强了联系后，势力遍及全国。此时木版印刷出版开始普及。当然禅宗是中心。他们同时精通宋学，被称作"禅儒"，亦出版了相关的书籍。禅宗后与战国武士的心胆锻炼结为一体，被尊崇为文武两道的文道。其实，寺子屋①教育亦兴起于五山。

日本临济宗开祖荣西曾两度赴宋，公元1191年归国，开始在九州建立禅寺。虽说受到比睿山②的压迫，仍在京都、镰仓奠定了注重戒律的禅宗基础。荣西、源实朝曾有法谈，藉此留下了《吃茶养生记》。茶作为养生之物，伴随着禅宗广为传播。

公元6世纪初，菩提达摩由印度经西域传入中国广州，且以洛阳为中心开始了弘法活动。达摩是禅宗开祖，倡导瑜伽的冥想法，强调精神统一，注重基于静思的禅宗修行。后至第六代活跃于公元7世纪后期的慧能，主张不仅坐禅，日常生活的方方面面皆通"见性"即自我本性之凝视。其基本立场是"惟论见性，不论解脱"。其实归于天赋之普遍本性的解脱与自觉本性的见性，在"即"的逻辑上是相同的，只是慧能主张的是注重见性。慧能继而主张"突然的觉悟"即"顿悟"，

---

① 普及于江户时代的初等教育机关，除了习字，还教授诵读、算盘、汉籍、谣曲、裁缝等。

② 位于京都东北方向、京都府滋贺县境域的山脉。古来被称作镇护王城的名山。东中腹地，有天台宗总本山延历寺。

南宋禅藉此在民众间获得人气，相当于天台宗之易行①。

此外，禅移至北宋后"渐悟"成为主流——即开悟须经严厉的修行。

常住坐卧、"见性"修行则是南宋禅的理念，这种理念创立了禅林的生活文化。包括点茶、僧院经营和拨弄算盘，皆成为修行的内容。不可忽视的是，日本五山的僧人们不谙经典，却将五山庄园的经营法推广至全国。

草木悉皆成佛

《法华经》云，所有的人原本即具佛性。那么，达摩之类的高僧为何还要苦苦地发心、修行呢。道元怀着这样的疑问去了中国江南（1223年），但是学习曹洞宗的道元竟未带回一篇经典。这与平安时代初期带回唐朝新文物的空海，形成了鲜明的对照。毫无疑问，道元自信已藉文字通悉佛道，相信仅凭一身即可传扬禅宗教义。

道元亦强调万人皆通佛性。现实中成立的便是绝对的真理（现成公案）。基于此理念，他在《正法眼藏》中论及"生死一如"、"有时相即"（存在时的性相）等。这是一种彻底的一元化的思维方式，将世间万物归结于"即"的逻辑中。道元又强调，其所谓的修行，并非脱离常识的禅问答（公案），而是一心不二的坐禅——佛性的实践。这种理念推动了一个风潮，意味着将成佛之潜在可能性——佛性，解释为现实本身的形态。

在中世，实际上"草木尽皆成佛"曾像经文一样广为流传。如今，由谣曲《鵺》或《御伽草子》中的"猫草子"（猫のさうし，NEKONOSOUSHI）等作品仍可获得证明。但其出典却已很难确认，据说是业已遗失的《中阴经》中的词语。若说世上实际存在的皆可成佛，那么目的在于解脱的修行和念

---

① 简单易行、便利易行、便于普及之义。

佛，根本上说，对于救济众人则变得可有可无。道元感觉存有疑问的说教，竟传播得越来越广。因此，这里实际上强调的是万物成佛之念，表达了心灵救赎之义。总之，悉皆成佛的思想使生命的平等观在民众中得以传播。

二　恋情与罪——王朝文艺的世界

万物入诗

平安时代前期迎来了唐风文化全盛期，在宫廷贵人的世界里神、儒、佛是并存的，此外阴阳道之类亦具有相当的影响力。这个时代一直延续至平安末期。不过其中，也曾有过很大的变化。首先在汉诗的世界中出现了一种转换，由崇尚华丽文饰转换为即景动心的写实性诗风。据说，那是因为公元9世纪中期，中唐诗人白居易（字乐天）的自选诗文集《白氏文集》抄本传到了日本，获得强烈影响力的原因在于，白氏因政治斗争而隐退，崇奉儒佛道三教，晚年则倾倒于佛教，他忏悔般地将诗作谓为"狂言绮语"（对照佛教之教诲皆为胡言乱语），白居易辨明了自己与佛道相结的机缘，正是这样的态度在日本宫廷阶层中引起了共鸣。

9世纪末，宇多天皇亲政重视学问，立文章博士菅原道真为朝廷中枢。道真废止了遣唐使（公元894年），主张和汉融合的道路——汉诗文的日本化或和歌趋近于汉诗。为此在各个领域都出现了所谓的"国风文化"。如纪贯之那样的下级官吏，同时又是备受重视的歌人（和歌诗人），他跻身于共同喜好和歌作的中、下阶层人等中，对《万叶集》之类古歌有着深切的关心。道真后受藤原氏牵连而失宠，却迎来编纂《续万叶集》的机运。受醍醐天皇敕命，公元905年前后纪贯之担纲编纂了《古今和歌集》，此乃最早的敕撰和歌集。

相当于上表文（上书）真名序者是以汉文书写的，它参照《诗经》(大序)或《文选》(序)等讲述了和歌的本质和技法，述及和歌的历史和歌集的编集过程。开篇即称万物皆有歌谣属性乃"自然之理"。这近似于六朝时代梁刘勰《文心雕龙》(原道)中自然"理"、"纹"的文之理念。

纪贯之的和文假名序相当于形态上的汉文"序"翻译，添加这种假名序本身即在申明一种和文主义的主张。在这里，和歌出现于天地分裂之时，且强调所有生物皆有咏歌之本能。这是一种不同于风土记或《古事记》的别样世界观——风土记和《古事记》认为在那种不祥的原始状态中草木皆有语言。假名序的构成也是不同的，它将汉诗中缺位的"春夏秋冬"立为"恋"字部并将之作为主要的部分——而四季之类的时间观念源自中国。长期以来，这样的理念、编纂方法乃至歌风一直是和歌的范本。

因《万叶集》的基本精神在于复古，其中便有大量的、为皇族祈愿长寿的祝寿歌或生死之恋的颂歌。在尊重古风的歌作中也有一些音调流丽的诗作，可窥见当时的汉诗文影响。此外，《万叶集》出现后增多的一类诗歌咏叹世事无常、人的生命、人心浮动乃至生命之短暂（衰老）。这是佛教渗透的结果，也浸透着将现世生命寄予幻象的观念。

如《古今和歌集》中一首和歌，以蝉蜕的空壳暗示人类的尸骸，令人联想到灵魂的去处——"蝉蜕木间栖，哀魂觅无踪"（448）。藤原胜臣也有一首——"魂翔何处栖，炎中空骸窥"（1102）。倘若是佛教式的火葬，人死之后，灵魂便丧失了栖处。这种理由充分的观念或有趣的倾向，在《古今和歌集》中不难窥见。随着火葬习惯的推广，人们开始从各个角度思索人死之后的灵魂去处。

好色

10世纪后期，藤原氏再度以特殊的方式掌握了政治实权——天皇幼小时以摄政的方式，成人后则设置关白①。在闺阀②政治影响下，生活于宫廷的女性开始发挥更大的作用，作为歌人（和歌诗人），也开始拥有了与男人同样的待遇。摄政夸耀拥有天子一般的权势，在变幻莫测的政争中腾挪自如，男女间富于诱惑的词语竟成了外交辞令，感情的交易或游戏一度成为风气。尤其在11世纪初，以这种风气为背景的文艺十分兴盛。

例证之一乃在9世纪中期，美貌皇孙降入臣籍③，成就了自由奔放、一生风流的在原业平④传说，实现了"好色"理想。《万叶集》、《古今和歌集》中的"生死之恋"展现的是之于一个对象的执著思念。《伊势物语》假托的则是真实存在的业平，理想化地表现了一生之中恋情不断的贵公子。

《伊势物语》写到乡村幼儿的恋意萌生，写到业平与皇后间的非分恋情（4—6）⑤，也写到其与斋宫的禁断之恋（69），简直像一幅恋爱百态图，或者是一个男人的一生记录——在自己眼中他却是个无用者。许多故事的开头都是一样的"从前有一个男人……"。每一个故事，则如一部和歌吟咏经纬记。

---

① 关白，原为中国古代官职，本为"陈述、禀告"之意，出自《汉书·霍光金日磾传》"诸事皆先关白光，然后奏天子"，也就是说任何大事皆先陈述或禀报给霍光知道，然后上奏于皇帝。后经遣唐使引入日本，是为日本天皇成年后，辅助总理万机的重要职位，相当于中国古代的丞相。古代日本，摄政并不常见，后至平安时代，藤原氏始开关白一例。摄政与关白合称摄关。彼时藤原氏挟朝廷而架空天皇，所以摄关一变为常设职位，几乎每一代天皇皆有摄关治政。所以藤原氏及其直属后裔即称为摄关家。

② 日本古来即流行以皇室为中心的政治联姻，成为天皇的外戚，便可能以摄关政治的形态行使权力。

③ 皇族放弃皇族身份，获姓降入臣籍，又称臣籍降下或赐姓降下，皇族女子下嫁臣下则称作臣籍降嫁，现代的说法叫作皇籍脱离。

④ 平安时期和歌诗人（825—880年），平城天皇皇子阿保亲王五男。母为桓武天皇皇女伊登内亲王。826年与其三个兄长一同获赐朝臣在原姓，降为臣籍。《三代实录》如此评述道，业平"体貌闲丽、放纵不拘、略无才学、善作倭歌"，其最大特点是背离了官僚教养汉文学，而在吟咏个人恋情的和歌创作上出类拔萃。在其死后成书的《古今和歌集》中，收入了他30余首和歌。

⑤ 本节括号中编码皆为《伊势物语》每段的编号。

和歌除《万叶集》、《古今和歌集》外，亦选自《后撰和歌集》、《拾遗和歌集》等，作中恋爱的经纬大多是虚构，但有些和歌却出自业平，也有的段落明示出这个男人正是业平。因此长期以来人们笃信，这就是业平一生的记录，业平也成为女人们憧憬的对象。江户时代，相关的讽刺诗文亦被编入笑谈（落语①）中。

最后一段（125）写道，"从前有一男子染疾在身，自知死期将至，吟道'早闻有生死，不料此命在旦夕，教人徒生悲。'"一般认为，这里表现的是死的不期而至。深入思索，对照这个男人情恋一生的猝然死亡，不禁联想到14世纪前期兼好法师《徒然草》第155段——"面对未来，未料死亡却由身后逼近"，二者仿佛说的是同一种现象，但《徒然草》的表现似乎更加合理。《伊势物语》中的恋情则因男子之死而告终结，作为王朝文艺顶点的这个物语，却表现了超越死亡的恋心（爱心）。

死后的妄念

众所周知，《源氏物语》以章回小说的形态（分章分段附章题）展开，描写了降下臣籍的贵公子光源氏的一生以及关乎其家族的复杂的人生样态。故事的主脉如下，光源氏恋母，且与养母（藤壶）私通，在性恋压抑的苦闷中他开始与众多的女性交往，而由在光源处蒙受了耻辱的女人（六条的御息所）生灵引发的事件，竟是逼迫、致死了生产后的光源正妻（葵上）。光源氏虽在政敌的算计下流浪外省，但不久即返回都城，与做了天皇的亲子享尽荣华。然而，这里同样出现了暗郁的阴影——约定的一族荣华终将崩溃，这种阴影始终追随在光源氏死后的所有亲属命途中。

途中出现的六条御息所死灵，竟盯上了光源幼少时的成长

---

① 类似于单口相声的日本演艺形式之一。

伴侣和怜爱对象紫上，且对光源氏说道："死了也不放过你"（"若菜"下）。此外，太政大臣的嫡子柏木亦与光源氏的正室（女三宫）私通，却在罪孽的重压下卧床不起，将死不心甘的念想托于火葬的烟霭中，仅吟歌一首致送女三宫。女三宫生下了柏木之子薰。光源氏为此感到，这是自己曾犯私通罪当受的报应。女三宫惧怕光源，不堪心劳出家，柏木也殉情而死。在这两段中，写到祛除紫上身附鬼魅的僧侣读经及山伏①修法，写到祈念柏木治愈的加持祈祷。这里飘浮着死后残存的对于爱欲的妄执之念。

这个虚构物语的题材，取自藤原道长君临之华丽的宫廷风俗，其中写到世事流转，人心、生命之无常，写到死后残留妄执之念的因果报应，读者可在一族的命运底部窥见爱欲的罪孽深重。许多读者正是在这样的领悟中受到感动。作品也写到性爱的欢愉或生活的保障，写到不可信赖的男人爱情，和将赌注统统押在育子偶然性上的女人的悲哀——宛若女性笔下的"狂言绮语"。

不过，宇治的两位公主最后拒绝了薰的求婚。由此读者或可明晓，作者这里想注重表现的乃是女性的自主选择。

《源氏物语》早就为贵族家庭所喜爱。道长殁后，在贵族社会趋于衰退的时代中，追随逝去的繁荣乃被当作一种因缘，时值院政期，相关画卷的制作成为宫廷的事业。另一方面，僧侣们也试图供养相传为物语作者的紫式部。当然，也是为了同时祛除那样的深重罪孽。

异土转生

11世纪中期，代代学问家传，终于地方官的菅原孝标之女，对物语世界产生了强烈的憧憬。其母乃《蜻蛉日记》的作者——藤原道纲母亲的异母之妹。《蜻蛉日记》是一部回想

---

① 佛道修行中起卧山野的修行僧或修炼者。

式作品，主人公疏远了拥有众多妻室的丈夫，却仍旧无法获得梦寐以求的身份，懵懂中度过自己的前半生而对丈夫充满了怨恨。这种内在心理的率直表现多出自女性作家，展现出富于个性的种种形式，也构成了王朝物语之基盘。

孝标的女儿13岁时返京，由祖母那里看到了《源氏物语》并爱不释手，不分昼夜沉迷其中。结婚后，她终于完全明白了物语与现实之间的差异，于是创作了回忆自己现实生活的《更级日记》。作品中有许多梦幻记载——或将梦幻当作自己的行动指针，或再次领略轮回转生的梦幻。有人推定，《浜松中纳言物语》亦此人所作。

她借用了《源氏物语》的出场人物及相关表现，主人公源中纳言的睡梦告白是现实的，述说了跨越海洋的大规模的转生。中纳言由梦幻中获知，已故的亲生父亲是大唐的第三皇子，随后渡唐。他与有着日本人混血的唐王皇后私通生下皇子，且将此子带回日本。而后又在梦中获知，皇后竟转生到了日本异父胞妹的腹中。《更级日记》还有许多内容，涉及净土救济的切实愿求，时代也越发将梦中的托言神圣化。

切身孤寂

依后鸟羽院之命，藤原定家编纂了《新古今和歌集》（公元1205年前后），在这部和歌集中有祝寿的贺歌、四季歌、恋歌，最后还有另类的释教歌部。将佛道教诲编入和歌，佛教便也渗透到了和歌中。不仅如此，整部歌集充斥的观念都是世事无常、哀怨和生命短暂，许多歌作给人以凄然孤寂的感觉。

例如，"风吹枯叶落，夜夜凄寂人无在，虫鸣声卿卿"。（曾祢好忠，535）虫鸣声微弱，令之切实感受到了生命的羸弱。又如，"生命好虚幻，像似樱花落英散，哀愁在此世"（后德大寺左大臣［藤原实定］，141）。樱花散落，正是生命无常的最佳象征。有些和歌令人感到，唯虚幻才有现世生命的痛切感。"时光是生命，岁增一载又攀越，佐夜的中山"（西

第二章 净土、恋情与土地

行法师，987；以前翻越佐夜的中山时，从未想过还要再度攀越。这种攀越佐证了生命的存在）。

恋歌则大多吟咏相见恨晚的恋情，如"一根串玉绳，绪连不断生死情，此心忍不堪"（式子内亲王，1034；形容热恋中巨大的感情压力，生不如死）。这里表现的是拼命忍耐中的恋情之苦。

脍炙人口的还有藤原定家的和歌。"秋日夕暮中，樱花红叶尽无踪，海湾茅草屋。"（363）此作的背景是《源氏物语》中光源氏凄凉的境遇——由须磨流浪至明石而离开了华丽的都城生活。后在禅宗思想影响下，藤原定家的和歌受到了很高评价，称其吟咏了眼前之没有欢愉的情境。就是说，凄凉孤寂、没有任何心灵欢愉的空无才是至高的境界。

三　一所悬命①

武士的生存方式

奈良时代武官意义上所谓"武士"，到了10世纪以后，武力服务于公权力者同为"武士"表记，读音却是"もののふ、MONONOFU"，以战斗为生者称作"兵"（つわもの、TUWAMONO），服务于贵族充当警护者则称作"侍"或"士"（さむらい、SAMURAI）。平安时代末期至镰仓时代初期，以武力统治地方的势力成了气候，平氏执掌了政权。此间在征伐虾夷的"兵"（つわもの、TUWAMONO）中，多数征自以杀生为业的狩猎、采集民。作为武士，他们重视的是个人同士间的关系和主从关系，因此父子、兄弟、同士间刀刃相向，也是当时理所当然的风气。

---

① 中世后期，武士被编入战国大名之类领主阶层的家臣团，迁徙不断。然而部分武士不愿离开祖先代代相传的故土，便放弃了随从主君领地迁徙的武士身份，成为浪人，也有人变成了当地的农民。这种将一生之努力寄托在一处土地上的现象，便是所谓"一所悬命"，后演变为"一生悬命"（努力工作之意）。

源氏在镰仓建立了军事政权，他们把将军推至权力的顶点，成为全国各地的守护，他们统率的军事集团乃以地头①等世袭性同族关系为纽带，且实现了农村经营的机构化或规划性。最为明确地展示了前述自立性武士生态的词语，乃是"一所悬命"。那是一种生活方式——竭尽全力将所受领地当作赖以生存的根本。到了南北朝时期，以"家"为单位的集团更强化了地域性联合的性质，形成了战国大名②的家臣团。他们将性命赌押于"家"的消长。

众所周知，执掌了天下实权的织田信长，对胆敢反抗的佛教势力施行了彻底的镇压。信长也被称作无神论者。施行那般残酷的镇压，乃是因为佛教势力与战国大名争夺地方的权力。例如，净土真宗本愿寺派的一向一揆③之本因，针对的并非战国大名而是掌握特权的寺院领地所有者，反映了希望减轻年贡杂役负担的农民的强烈要求。如前所述，为了逃税，农民不得已施奉了农地，这种方式始自天台宗总本山·比叡山，五山④将之推广到全国。在净土真宗，莲如的作用有目共睹。不仅是武士，农民也"一所悬命"。在都市的民众中，播下了自治的种子。

死的发现

丰臣秀吉的刀狩令⑤是一种身份统制令，依据此等律令，明确划分了武士与农民的界线。武士住在城下町效忠于藩，成

---

① 镰仓、室町幕府的官职名。
② 平安末镰仓时代，领有广大名田的村庄领主。
③ 室町末期，越前·加贺·三河·近畿等地，一向宗僧侣·门徒反对大名领国制统治发生的宗教起义。
④ 禅宗五处高规格寺院之统称。12世纪出现在日本镰仓，13世纪兴盛于京都，日后，此等高寺的数目有所增加。此外，一般将禅宗寺院僧侣的生活文化称作五山文化。
⑤ 历史上，1588年（天正十六年）丰臣秀吉的"刀狩令"十分有名，即下令没收所有刀剑之类武器。

为专事战斗的集团。

众所周知,《叶隐》(1717年前后)中一句名言是"武士道乃死之发现"。江户时代元禄期(1688—1704年),肥前(佐贺)锅岛藩家臣山本神右卫门常朝,闻哀叹知战国武士气风尽失,留下记述即《叶隐》。在其笔记《漫草》开篇常朝写道,"古代,取义殉死,感情向志。而今缘何,古风尽失?"

《孟子》曰,"生,亦我所欲也,义,亦我所欲也,二者不可兼得,舍生取义者也。"但这种人们信守的一般道义的"义",在日本,却演变为对于主君的忠义。正是在这种主从关系的基础上,得以实现"一所悬命"(搏命)式的、战国武士的生存方式,才使"义"的含义发生了改变。

然而受到德川政权严厉规约束缚的武士们,已在各藩开始了官吏生涯。至17世纪60年代,藩与幕府皆禁止殉死。居住城下町①、入城谋事的武士们,不再像旧时那样带着战死的觉悟奔赴战场,他们失去了"死不存辱"的品质,却神魂颠倒地一味沉迷于金钱与声色犬马中。战国时代的老人们,慨叹武士之志向与操行的丧失。

常朝说,唯在具有了死之觉悟后,武道才能获得"自由"。此般"自由"在宫本武藏的《五轮书》(1645年)中曾有表现,无所拘束、随心所欲的境地,即将禅宗的无心——无所拘束的心灵转用于武术。总之常朝认为,武勇才是最为重要的,他说"成就大业者不能仅凭正气,而要舍弃正气无畏赴死。"这种极端的尚武思想乃和平世界之危险,在藩内亦被列为禁书。《叶隐》进入人们视野中乃在中日甲午战争(1894—1895年)前后。

武士道与士道

作为述及战国武士生存方式的著书,武士阶层十分熟悉的

---

① 封建制领主中心城市周边的发达市街,如骏府(今川氏)、山口(大内氏)、甲府(武田氏)之类。

尚有江户时代初期编纂的兵法讲义——《甲阳军舰》。此书的形态是战国时期一代名将武田信玄传记，主要述及信玄的政治、军事才能，也生动描写了其他武将的样态。然而实际上，作为具有特定意义上的概念，"武士道"一语并未获得广泛的传播。

首先，幕府公认的学问是以朱子学为中心的、以儒学为源流的"士道"。例如八代将军德川吉宗身边非正式的儒学大家荻生徂徕，即在其《徂徕先生答问书》下卷（1727年）中论及武士道，称战国时期的名将崇奉"尚勇赴死，知耻重信，蝇营狗苟，非男子所为"。士君子式的苦心关联于顺应时势、文武兼具、分而治世的圣人之道，徂徕质疑了那种不合情理的武力专权。武人专权的根基正是中国的士大夫（官吏）理念，在中国的科举制度中，武人即以武人的身份被采用。日本并未引进中国的科举制度，徂徕也不承认文武分业。

另一部广为人知的著书，是兵法家大道寺友山的《武道初心集》（1725年前后）。然而到了天保改革期，士风刷新成为要务，此时的"松代藩版"（1834年）改为普及版，删除了原著中关于神道的论述，主论和平时势维续中武士的心态与日常习惯。在此，"武士道"一语不过是一般意义上武士道的生存方式。

此外，斋藤拙堂是江户时代后期的儒学家，也是洋学的积极引入者，其《士道要论》（1837年）中认为，"追腹"①（殉死）之类战国时代的武人风习违背了孟子所论之"义"，因而是必须丢弃的风习。一句话，和平时代否定战国武士的生存方式。

天主教教义

战国时代，还出现了另外一种新兴的生命观。织田信长为

---

① 臣下追随主君剖腹自杀。

了压制一向宗，曾对其他宗教施以了保护，如室町时代罗马教皇厅派遣的"伴天连"①，使基督教得以传播。京都中心部建了教堂，新兴都市江户也不例外。战国大名中竟也出现了信徒。据说，伴天连们在一向宗的绝对他力信仰中，发现了类似于基督教的特质，因而认定日本布教易于中国。

佛教也讲生命的平等，但基督教讲的是人类生命的平等。人类是"lords of creation"（被创造的王者、统治者）。在17世纪的天主教的《念珠祈祷②》（歌谣形式，1623年）中，作为"万物灵长"登场的正是人类，但"lord（君主或贵族）"一词中并未包含优雅的精神含义。《书经》（泰誓上）中的"惟人万物之灵"发挥了接收器的作用，因而翻译为"万物之灵长"。

本来，东洋并不存在世界以外绝对神创造世界的理念。古代印度诸神，即便是当作了绝对神的梵或佛教诸佛，亦在人们的意念中被看作现世某处的存在。中国道教的天帝，日本神话中处于中心地位的天御中主命③，统统不例外。在基督教中，死者的灵魂受到上帝的召唤，复归天上"永远的生命河流"中。而印度教和佛教中的轮回转生，当然未能超越这个现世。《庄子》认为死乃"气"散，在中国民间信仰的道教中，则一般将死者之灵称作鬼。但无论何者，都只是变幻形态留存在了这个世界。

德川幕府颁布了禁令，因在岛原天草之乱（1637—1638年）中出现了众多殉教者。信仰心的基础如此坚实，全凭着一心向往净土成佛的净土教系教诲。而在之后的日本文化中，想找到基督教的生命观痕迹是十分困难的。即便相当坚定的"隐士型天主教徒"，在其私下口头传承的语言中，那种上帝召唤、走赴天国的观念也已变成了向往极乐净土的成佛。

---

① 又称"破天连"，神父之意。
② Rosario，罗马教会的念珠，边数念珠，边念主祷文、唱天使祝词等。
③ 日本神话中的神。天孙降临前，创造万物的是造化三神——天御中主神、高皇产灵神和神皇产灵神。

第三章　生命的自由与平等
——近世多样化的生命观

一　儒学面面观

神·儒·佛百态相争

德川幕府严厉地打击了基督教，加强了海外交通门户的控制，将文物的进口置于其管理之下，且将朱子学奉为国学或武士治世之根本。此外施行宗门改革，建立起一种檀家制度①——家家皆须成为某处寺院的俗家（施者），且村村设置镇守森林的神社为集会场所。如此，便形成了神·儒·佛并存的体制，维续了长期的太平之世。作为各藩官吏活跃的武士阶层推崇的是儒学和禅宗，农工商身份者弘扬的是佛教，神·儒·佛三者皆形成了多样化的流派，争奇斗艳，实现了错综复杂的生命观。然而，总体上看则现世主义色彩浓重，民众信仰的强烈倾向亦在于追求现世利益。

唐代以后，中国佛教局限于天台宗、净土教系的真言密教和禅宗，宋学兴盛后则尽皆受到了压制，至元代（1271—1368年）逐步衰落。明代（1368—1644年）出现了复兴迹象，但总体上与日本相比佛教的地位相当低下。

---

① 日本佛教史上，始自江户时代的、维系寺院与信徒关系的制度。檀家是寺院经济的后援者，此处专指寺院所属的信徒家庭。

朱子学在中国宋代（960—1279年）致力于儒学之复权，朱熹是士大夫（官吏）之学——宋学的集大成者。而批判宋学的明代阳明学派，却在五山的传扬下在日本形成了很大势力。这些方面，日本与中国是不同的，与更加重视朱子学的李氏朝鲜（1392—1910年）也不同。进而，清代兴起的复归儒学古典的古学运动等也对日本产生了影响。

这里尚有另外一种差异性。在中国，大约从战国末年《荀子》（臣道）开始便强调作为臣下道德的"忠"，朱子学更强化了这样的"忠"；《论语》（学而）强调"仁"，根本则在于"孝"，且一以贯之地认为"孝"优先于"忠"。然而，日本武士阶层的一个强烈倾向，却是"忠""孝"优先于"仁""礼"之类的普遍性道德，而对于藩主的"忠"又优先于"孝"。这种差异性，令日本的生命观亦产生了独自的特征。让我们由宋学开始，来做一个概括性的归纳。

宋学与朱子学

在中国宋代，曾发生了对抗佛教的儒学重构运动。宋学的始祖是周敦颐（濂溪），他重新确立了以生生变化为根本的世界观（《太极图说》）。此外，北宋的张载（横渠）对决佛教，否定了所谓的"无"，而主张忽略关乎人类的认识，气集则形成"万物"，气散则构成"太虚"。主观想定客观真理的世界观登堂入室。

初源之"气"生阴阳，阴阳生五行（木、火、土、金、水），五行相生相克循环运行，形成宇宙生成论及一年为单位的循环论世界观。此外，"性论"的展开涉及天地之性和人类的气质性，主张改变人类气质的修养论。这正是宋学的基本构架。

北宋的程颢（明道）将"乾"（天）、"气"功用称作"生意"，相当于孔子主张的"仁"，强调应以"万物一体之仁"治天下。此即合乎自然之"理"（万物运行之法则）的道德观。其弟程颐（伊川）主张的是天"命"、人"性"及随"性"之"道"相互对应，主张义以"理"为主、身以"心"为主且实体如一。于是调和了"心"、"命"、"性"、"道"四者的关系。

朱熹主张"理气"二元论。然而"气"乃具形万物之根本，定于天命，此定数或"天理"被看作形而上（超越物之形态）的、或实践的第一原理。他基于"性即理"（人性从于理）的理念建立了庞大的体系，将宇宙论乃至祖先崇拜统统囊括在其中。他主张整体上基于性善说（各自的"性"皆具德性）的心学，强调各自的自我陶冶及伦理秩序的建立，以父子为中心的"家"，以"家"为单位进而以"礼"或"敬"运营的乡村共同体，君臣亦相互连接以"义"，这便是天下国家的治理之道。朱子学在元代成为官学，明、清两代（1616—1912年）则成为学问的主导。

阳明学

在推翻了元代异民族统治的明代，商业发展，社会流动加剧。为了维持宗族和乡村的秩序，朱子学力倡遵守道德和重视礼仪。相对于此，王守仁（阳明）批判朱子学的"心""命""性""道"之类学说逻辑混乱，主张以"理"一元论为基础——"心即理"，重新思考重视自由放达精神的陆象山思想，且认为天地万物人心共同拥有着构成世界始源的"一气"，原本为一体，为此复活了程颢的"万物一体之仁"说。王阳明认为善恶的心理作用基础是同一的（无善无恶），"心即理"（摒弃私心、天理一体），心之根本是"良知"。《孟子》（尽心章句下）一再强调的则是——"人之所不学而能者，其良能也；所不虑而知者，其良知也。孩提之童，无不知爱其亲者；及其长也，无不知敬其兄也。亲亲，仁也；敬长，义也。无他，达之天下也。"这里表明的是，凡人皆可成为圣人。

以心为首的心学在主张性善说这一点上，与朱熹具有共通性。心学强调的是，放弃单纯倚重知识的学问而于实践中学习——"知行合一"说。此说一方面延续了儒学本来的经世之学性格，另一方面则是对于心身活力的尊重。如所周知，王阳明身为大将军，超人般活跃且屡次平定大叛乱。

年轻时代的王阳明即对朱子学产生疑问。他熟读经典，潜心学禅。为此他的学说与凡人皆可成佛的佛教、尤其是强调修行重要性的禅宗十分近似。王阳明对于禅的批判则是——易使人陷于自我中心。朱子学派诘难阳明学派时，则常常给它贴上"禅"的标签。

王阳明的门人王龙溪，主张人皆先天性地拥有"正心"，人的活动应顺乎"正心"。王心斋则断言，求道不可面对经济之困窘，他主张追求实利及时行乐。这与强调克己的朱子学恰恰相反。心，应向着原本的形态努力，还是说，原本应有的形态栖于心中，两种思维方式是相反的。后者至明末，催生了所谓的阳明学左派。

阳明学左派

明末中国出现了一个高涨的风潮——南部的商人阶层迅速致富，现世主义欲望膨胀，人们变得过分惜命（性命），认为一己性命独一无二。以此为背景，主张儒·佛·道三教一致、谋求民众之欲望解放的新思潮登场，它所否定的正是王阳明的"无善无恶"说或尊重人类自然性情的趋向。但它热衷于庶民之教化，促进了价值观的转换。其中，李贽（卓吾）的主张值得一提，他认为"良知"乃心灵的纯真无垢状态，他尖锐批判了朱子学的教条主义，将"童心"理想化并主张尊重衣食欲求和男女情爱，主张人人之平等。他自称为异端，主张对具有好学心的女性开放学问场所，甚至招揽了声色场里的女性。其大胆的价值转换的主张风靡一时，最终却因扰乱风俗的罪名获致牢狱之灾，76岁自刎于狱中。

李卓吾不愿自欺欺人，他主张，依照自己心灵的指引行动才是脱离苦难的生存方式。他追根寻底探究了受之于天的"性"的本质，认为只有深切领会永恒的精神生命之境地才能步入所谓的圣人之道（《续焚书》"答马历山"），且认定那是所有人应当经历的道路。

　　相反，朱子学派则强烈地诘难说，承认欲望的思想乃是世界腐败之根本，更以"狂禅"恶骂之（至20世纪30年代，在中国思想界高涨的近代化浪潮中，李卓吾的思想被评价为反儒学立场鲜明的近代思想之先驱）。

　　清代，在异民族统治的屈辱中，汉民族的士大夫阶层中出现了复权朱子学的动向，且将宋代、明代的学问称作应予否定的、徒有其表的"性理学"，同时确立了以"实事求是"为标榜的新学问。清代学问的原点是汉代的训诂学，学问的考察广涉至诸子百家，对金石文字的关心亦值得一提，更接受了欧洲的自然科学成果，从而展开了涉及天文、地理、历史等各个方面的考证学。这一动向也对日本发生了刺激作用，日本的儒学者多对古典的考证趋之若鹜，民间盛行的亦是考证式的随笔。这些方面，形成了幕末接受西洋文献学、实证主义乃至近代科学的基础。

朱子学与阳明学的并存

　　如前所述，五山僧人既崇宋学又汲取了阳明学之影响。京都相国寺的僧人藤原惺窝即借鉴了明末流行的儒、佛、道三教一致论，出禅林，为儒者，致力于乱世之秩序的恢复。战国时代终结后，惺窝受到德川家康的招募，他却推荐了林罗山而自己隐栖于洛北。他也是因为讨厌德川家康的朱子学一边倒。

　　投靠幕府的林罗山排斥阳明学，战国乱世以文立身，乱世终结则以儒者或文人身份选择了隐栖（民间）的生存方式。这些人皆为儒学诸派的信者。此外町人阶层中亦出现了儒学者。不妨说，社会情势的影响固然存在，阳明学左派的影响更发挥了明显的作用。

例如江户时代前期，中江藤树对阳明学产生了深深的共鸣，亦重视心正带来平安。他在村落中开办私塾，主张将一切道德包括于其中的"孝"道中，因而被誉为近江圣人。此外，在江户跟林罗山习得朱子学的山鹿素行秉持古学之立场，著书《山鹿类语》（1665年），主张舍弃远离日常生活的朱子学，直接亲近古代圣贤的教诲。他说，"饮食之食欲，男女之情欲，皆无以抑制之诚"，他承认求"利"之心乃诸欲之根本。这种将现世欲望归之于人情自然之根本的理念，正与阳明学左派如出一辙。不过，素行将圣人的道德追求亦谓为"诚"，却将王阳明一派的学说视为耽于佛教的"异端"。当然，无法否定他也受到了后者的感化。之后不久日本主义抬头，乃将神代、古代理想化，开始强调日本式的士道，大名中亦出现了相关支持者。

天"气"之断

18世纪前期，中国古代语言、文章的实证式研究获得很大发展。荻生徂徕将之用于儒学的古典解释，且严厉批判朱子学，树立了古文辞学之新的学风。他认为，天地之"气"影响人"气"，而人体的构造比天地更加复杂，因而将阴阳五行用于人的解释本身就是一个错误（《辩名》，1717年前后）。据说，基于这种剔除天"气"的理念，江户时代的医疗更加接近了人体的实际。

徂徕曾任八代将军吉忠的非正式谋士，他本身更多考虑到的是政治。关联于其学统的服部南郭认为，基于朱子学的立场，人们将女人和儿童视为最愚钝、最幼稚的类别，然而人间的真情正在于此。吉忠亦承认风雅的价值。在日本，徂徕的学统曾席卷现世，确立了尊崇人情、雅俗两分的价值秩序。

德川幕府缺钱少丁，因此，采取了委托管理的方式，在有"士农工商秽多非人"之谓的职业身份集团中，分别设定了负责的掌权者。各集团以家为单位，实行家长世袭制，而各个身份中的贫富差距十分巨大。尤其到了18世纪，商人阶层抬头，资本的力量超越了武士，出现了十分兴盛的、独自的文化。始自书信撰写方式或字典类的所谓"往来物"（刊行物）得以流通，民众的识字率大大提高。以此为背景，教养的普及或特定职业入门书的刊行亦丰富多彩。此类通俗读物的作者多为儒学者。为此，在受之于天地"性命"的意义上，所谓平等的宋学观念便与佛教的生命平等观混为一体，获得了广泛的传播。

二　町人的自由、平等

自由放达与"物哀"

在平定下克上乱世之后不久的京都，并存于神道的是儒学——朱子学、阳明学、古学等，而形形色色的佛教，亦与汉诗、和歌、物语乃至相当于民众娱乐的连歌、俳谐，包括中国传入的小说和笑话，处于共存的状态之中。除了德川幕府于公元1630年封禁的基督教及西洋学问，在京都人们确立起一种态度，享受更加广泛的欧洲人文学（人文主义）或中国阳明学左派的思想。人文学之基本在于倡导相对于基督教会神学的人类文化，乃将面向民众的教训和娱乐排除在外，而阳明学左派与朱子学又是对立的。不妨说，江户时代文化的一大动向先是从自由放达的风气中产生了流派的对立，渐次恢复秩序而产生了雅俗之区别。

17世纪后半叶，英国开始刊行莎士比亚戏剧，那种英语的连缀显现出排字工的各自特征，由此可了解到江户时代前期民众读物或艺能的丰富性乃至整体上的品质高度。当时的创作者肯定了民众之生命欲望的解放，尊重真实而朴素的人情。但在任何社会，将血脉之情与色恋之情视为一体都是十分困难的。现实的条件或世间的规则与道德形成了种种阻滞。令人悲哀的是心中念想无以实现。此即元禄期的"物哀（もののあ

われ，MONONOAWARE）"①，与中世的"哀愁·爱怜（あわれ，AWARE）"具有微妙的些许差异。

具有隐私特征的情恋极致，是海枯石烂不变心的信誓旦旦。色恋事件常成为街头巷尾之话题，在世话物②（相对于"时代物"的现代题材作品）舞台或某些读物中成为众议之对象。井原西鹤的好色类作品、近松门左卫门的净瑠璃剧本顺应了此等风气，作品的展开也起到推波助澜的作用。

无常虚幻与滑稽

江户的松尾桃青长于谈林俳谐，诗风滑稽，富于机智，在谣曲之类的模仿作品中才气横溢。他将汉诗文的世界取为题材，仿佛背向现世地住到深川草庵中参禅，又更名"芭蕉"，踏上了漂泊的旅程。下面是引自《甲子吟行》的两句诗，宣告了旅程的出发和终结。

如，"寂然荒野中，风雨沁身透心寒。"此句展现了一派风寒景象，羁旅之前须有或将暴尸荒野的思想准备。又如，"荒旅多艰辛，寂寝无尽是秋暮。"荒旅终结，诗人在深秋中感受到日甚的荒寂，但终究活着归来。回首当初，亦觉得起程时的觉悟不合时宜。诗句中，隐隐包藏了一缕自嘲，寂寥之中，听得出诗人的心血来潮。

途中另有一句，"瘦马在吃草，道旁开着木槿花。"此乃藉"槿花一朝梦"为铺垫的诗句。长期以来被当作一种警示或教训，揭示着荣华的无常与虚幻。明治末年，将芭蕉俳谐看作日本象征艺术的鉴赏态度得以确立，人们认为，这个诗句即兴地吟咏了诗人目睹的一瞬事实（瞩目吟）。然而，这里还是给人以某种滑稽之感，干嘛要在可怜的木槿花旁，添加那匹无

---

① 客观对象与感情主观一致时所生和谐情趣的世界，乃一种优美、纤细、沉静、富于关照性的美学理念。

② 净瑠璃·歌舞伎·小说·讲谈等，以当代世态、风俗、人情为背景，取材于当代日常事件的作品，特指取材于江户时代町人生活的作品。

关乎槿花谚语的大个儿瘦马呢！

芭蕉诗句时常出现这般不可思议的光景。如下诗句亦出自《甲子吟行》，"白色芥子花，像似飘零折翅蝶。"一般认为，此诗出自《负笈小文》①，表现了旅途中芭蕉与同行的杜国②在名古屋分别时的哀切心情，但白蝶怎会自折羽翅，显然是白色的芥子落英，被当作了折翅的白蝶。木槿花，白蝶，令人顿生出一瞬的惊叹——"咦！怎会这样？"有趣的是那般虚幻中的生命消亡。俳谐总是面对这种日常的具体性且由此溢现出特有的滑稽趣旨，读者亦由此领悟到生命的孤寂。

如下诗句亦出自《负笈小文》，"岁暮故土行，睹脐思母泪涟涟。"回到阔别已久的故乡老家，在那里迎来新年，眼望着与亡母曾经相连的脐带，诗人产生了深切的现世生命感，百感交集地流出了眼泪，然而拿出这根业已干枯的脐带，老大岁数的大男人哭哭啼啼，毕竟是一幅怪异的画面。当然，连商家的小伙计都心知肚明，芭蕉使形同枯槁的和歌获得了新的生命。

生活本位

江户时代前期，出生于町人之家且一生以独自儒学教化町人的伊藤仁斋，主张放弃朱子学而信奉阳明学，进而汲取佛教和道家的思想要素，在直接熟读《论语》、《孟子》而逐步领会孔子、孟子思维方式与文章技法的基础上，对那些字义做出了正确的解释和把握，这便是仁斋强调的古义学，靠自己的力量对文献做出最终的解释。陆象山曾说明，自己的学问是在精读《孟子》之后感悟的。王阳明也说不应盲目地崇拜孔子语录。伊藤仁斋在这个基础上履行了独自的实践。

---

① 俳谐纪行，松尾芭蕉作。时间是1687—1688年（贞享4—5年），乃经尾张、三河、伊贺、伊势、大和、纪伊，终于须磨、明石游览的纪行。
② 坪井杜国（？—1690年），江户前期俳人，与松尾芭蕉交游甚笃。

他在《仁说》（1658年）中将"仁"解释为爱，在《语孟字义》（1705年）中，则将"忠"解释为对于他人的真心或体恤。这种尊崇仁爱感情的思想，以建立人们之间"自他不二"的境界为理想。此外，仁斋还主张信奉"气"一元论，强调重要的是更加实际地考虑问题，从而明确表明了他的现世主义态度（《童子问》中卷第67章，1707年）。

而这种现世主义立场与"气"一元论相互调和，便形成了"生命"本位的思想（《童子问》中卷第69章）。这种"生命"，当然是天地之"生"或关联于"生生"的人们的日常活动。

《童子问》中一节强调，不足挂齿的街谈巷议亦有合理之处，民间流行的歌谣杂剧亦通佳美境地。阅读小说类、通晓诸般人情者为"中庸"，不偏不倚、得喜怒哀乐之中和手段。在朱熹眼中，创作汉诗亦属玩物丧志。相反，仁斋却把通晓世俗生活人情万种，当作心灵的功课而放到更加积极的位置上。为此，其门下出现了多名论者，评说了《源氏物语》、井原西鹤的好色读物、近松门左卫门的净瑠璃乃至中国的白话小说。

气的扩散

江户时代中期，在福冈成为儒学者，又在京都研修了医学的贝原益轩，立志弘扬平等思想为基础的民间日用之学。其著书《养生训》（1713年）的文体是面向民众的"汉文"下读体①，此著在江户时代数度刊行，在庄屋②层也有众多读者。

参见如下描述，"人的元气，原本乃生成天地万物之气，乃人身之根本"（卷一"总论"上）。又称，"养气之术常在正腰，真气收于丹田，呼吸宜稳忌促"（卷二"总论"下）。

---

① 以日本语的文章结构译读汉文。
② 江户时代的村落长，地方三役之首，负有年贡收纳责任，掌管一般性的村落自治，主要是关西一带的称谓，在关东称作名主，北陆·东北称作肝煎。

这里的"元气"和"真气",同于中国古代道教类医书中的"原气",沉于下腹(丹田),是为身体活动之根本。亦有一说称,"气"自宇宙经头顶降于丹田,或为母胎中胎儿所持之"气"。"气"不可逸出身体之外,将之笼于体内才是长寿之秘诀。

然而,《养生训》触及的却是庶民的日常生活,以饮食、心情为对象强调养生法,且自由、随意地使用了"气"的说法,如"酒乃天之美禄,少饮助于阳气,舒缓气血,增加食气,解闷去愁"(卷四、饮酒);又如"肛门乃粪气出所"(卷五、五官)。在道教系列的养生思想或医方中,"气"字会聚的部位多在腹部,如"腹气"等,益轩的用法显然不同。

例如关乎"食气",道教系列的养生思想中有"却谷食气"之说。食用谷物宜节制。食"气",在此乃关于呼吸的用语而非增进食欲之义。粪气即"屁"的用例,除此之外殆未所见。贝原益轩最初同样信奉朱子学,后则采取了批判的态度,主张"气"的一元论。虽说参考了道教系列的养生思想或古医方,其用法大相径庭,儒学的"气"也在发生作用。不妨说,他用"气"来解释一切。且益轩之"气"的用法,与我们今日的用法十分接近。

元气一语

在当今的日语中有如下常用方式,如"今日は元気だ(今天精神不错)"、"元気よく返事をしましょう(打起精神答话)"等。在这些表达中,"元气"是表面化的,与气力、体力相关,指称可以感知的活力。但在汉语中,至今仍无此等用法,而基本保留了道教系养生思想或医方的"元气"概念,即"元气"指称人的活力之本,失却"元气"或"元气"衰竭便会罹病。如今日语中的"元气"与原本的语义相去甚远。有观点认为,其实"元气"的转义来自"病气"(疾病)的减势——"减气(健康恢复)"或"显气"。在《今昔物语》

（本朝付佛法卷13之31）之类古典中，也可见到"减气"的用例。这种混用应当始自于中世。

韩语中直到最近，才跟日本一样不再使用原本语义上的"元气"一语，或因李氏朝鲜以朱子学为国教而残留的强烈影响。日本明治政府以西洋医学为基础展开了医疗保健制度，而竭力排斥"汉方"（中医）。朝鲜总督府也采取了西洋医学一边倒的方策，却因遭遇很大阻力，之后又转而承认了民间的传统医疗。为此在韩国的相关医疗用语中，留下了一些道教系统的相关词语。

不过，在如今留学日本的年轻一代韩国人中，亦有人使用日语语义上的"元气"。"元气"也是一个国际性词语，因时代的不同而发生变化。

待庚申

如今韩国的国旗，用了"阴阳"的图记。阴阳五行说在日本江户时代的民众中，也作为一般性知识广为渗透。然而总有如下一种强烈的感觉，阴阳作为二项对立的思维方式容易牵强附会，民众未必相信五行便是世界的五大元素。阴阳师或苦行僧，风水师或算卦人，似乎皆有其各自的重要性，作为民众生活中化凶避邪的缘起风习确立下来。缘起，原本则为佛教用语，却可用于各个方面。在利己主义和现世主义的作用下，相关原理逐渐完善，尤其在中世以后的民众中，缘起曾具很大的作用力。

而广泛植根于民间的信仰节庆是待庚申。十干十二支的组合之一，正是六十天或六十年一度的庚申日庆典。有一个道教传说，原本寄生于人体的三尸虫瞅着庚申夜人们熟睡的空当儿升天，在天帝面前告发人的罪过，天帝闻知后便令其人早死。因而，欲长生便须防范三尸虫升天，当夜便须彻夜不眠。

论及"待庚申"之确立，据传先是流行于日本平安时代的贵族社会，中世调和于佛教，室町时期编纂了《庚申缘起》，立供养塔，弘于民间且在村落中结成了讲法组织。待庚申延续至近代社会，战后仍具生命力。它是一种祈愿，期冀长寿且排除超强外力之妨碍。这里，信仰与宗教制度的关联极不明确。相反，也许那样一种特性却方便了村落共同体与集团间相互关联的维持。

商人之道

石田梅岩长期奉公于商家，自学通晓神·儒·佛且在京都开办私塾。石田将自己的学说通俗易懂地讲授予町人阶层，涉及家庭琐事、亲戚关系乃至于邻人交往，因而，石田学家喻户晓。

梅岩的著书有《都鄙问答》（1739 年），写道，"世上生物自然是弱者追随强者，此乃天理。但圣人、神佛皆不可傲居其德无益杀生。祭物因循道理，在待客或赡养老人等必要情况下，杀生才是合理的。"《石田先生语录》中称，"鸟兽亦养子慕亲，可见良心备乎天地自然。"又说，"保心安乐乃生命目的，终日苛责莫如安乐赴死。"这些内容极具普遍性。后者的天地自然"良心"得之于阳明学的"良知"启示，前者则对应于天道思想。

天道思想乃将太阳神格化为"御天道神"顶礼膜拜，这种习惯普及于江户时代中期的庶民教化中。在 20 世纪 70 年代的东京，下町的老人们还有早起膜拜朝日的习俗。这里伴有的一个理念或在于，人人皆平等地接受太阳之恩惠，人人皆自由地使用手足和语言。神道的"天照"、儒学的天及佛教的大日如来等，根本上具重合、相同之含义。梅岩也时时采取此等论法。莫如说，在神·儒·佛诸般说教漫天飞舞的此世中，他发挥了整理交通的功用。

例如石田梅岩又说（《石田先生语录》），儒学中的"一元气"乃万物之根本，为此万物中并无独立之物，此乃禅宗之"本来无一物"。这里，根本如一的理念与原本相互关联的理念是具有差异的。石田却忽略了这种差异性，将诸流诸派的差异性整理为观点的差异性。此般思想，根本上将人的身心当作了一个"小天地"，在是为天地万物本质的"性"中，相对于万物，令生动来去的"心"随性而动。在石田眼中，此乃"善"。在这里，朱子学的"性即理"与阳明学的"心即理"之间的对立，消解而为"性即心"。在此等论法中，神·儒·佛虽各个相异，但在顺"天理"、顺"天道"进而"感悟"人之生命之道的意义上，却是尽皆相同的。作为人，追求实利亦是理所当然。问题在于"商人有商道"，"私利私欲"仍须彻底地戒除。在这里，现实的身份秩序并无丝毫之抵触，同样存有着横向排列士农工商的思考方式。

梅岩亦解说了武家心得，形成的流派被称作石门心学。梅岩殁后，至老中①田沼意次时期，其自身有无责任又当别论，总之贿赂等"私利私欲"横行，失势之后，田沼在天明·宽政（1786—1790年前后）年间被人刺杀。而动荡之中石门心学却再度汇聚了人气，且以幕府、诸藩为后盾在全国各地扎下了根。1820年前后，取保护奖励政策普及心学者达74藩，无奖励而获普及者达51藩，及全国诸藩约半数。

三　国学的展开与幕末思想

"和"的独自性

室町时代连歌师宗祇在《古今和歌集抄》异版中称，"'大和歌'乃大和之义。（略）二神（伊邪那歧命·伊邪那美命）阴阳和合之义。乃及乾坤一切万物之和。是为和歌。"据说在和歌中，存有调和宇宙万物的力量。在中世，即有关乎《古今和歌集》假名序解释的、牵强附会的各种说法，这也是

---

① 江户幕府官名，直属将军，总理幕政，管理朝廷·大名事务，亦直辖远国的官吏。

其中之一。

而在江户时代中期，增穗残口的《艳道通鉴》（1715年）登场。他认为神道的根本有异于儒·佛的"和"之逻辑，此逻辑须在男女亲和的"色道"中寻求。他讨厌重"礼"忘"和"的儒学隆盛，强调日本·和国的根本义在于"和"即男女亲和、夫妇和乐，他在伊邪那歧命·伊邪那美命的媾和中寻求根本，他趣味津津地讲述了古今色恋（情恋）之种种美谈，藉以谋求神道兴隆。而从整体上看，这种形态让人搞不清哪儿是真话哪儿是笑谈，于是这种激烈诘难儒佛的文体，被评价为"破天荒的饶舌调"。

增穗残口开篇即论男女亲和之"色道"乃为人之根本。此时的根据却是《易经》传中的一节——"有天地然后有万物，有万物然后有男女，有男女然后有夫妇"。然而，在伊邪那歧命·伊邪那美命的媾和中寻求"和为贵"之理念，却是共通于宗祇之处。

在祖先神——男神、女神的性爱中寻求村落或部族的诞生，乃是村落神话的原型之一，散在于世界各地。然而，宗祇与增穗残口又将此等神话与日本和歌及神道的独自性结合在一起，以夸耀之于中国传来思想的优越性。此等理念之后演化出新的日本主义——江户时代中期的本居宣长和后期的平田笃胤。

知物哀

江户时代前期的民众文化基调是"物哀"，表现了骨肉亲情和色恋之情。朱子学者堀景山说，"人情中最重要的大事正是男女情欲"（《不尽言》）。言外之意是，此乃"圣人避之而唯恐不及之头等大事"，绝不可轻言侮之。

京都学医之后，一度师事堀景山的本居宣长却推翻了为师的理论。他认为来自中国的儒佛教条过分束缚了人情，相反，日本的物语则尤其重视贴切人情的表现。在此般人情即"物哀"的表现中，不妨说最为切实的表现正是不义恋情之描写。其极致，见于《源氏物语》中柏木卷女三宫与柏木间的赠答歌。对歌的背景是僧侣祈愿病中柏木痊愈的加持祈祷，以及山野苦行僧修炼之途唱念的咒文（如前所述）。其实，宣长对此全未涉及，他所关注的，只是海枯石烂恋情的切实表现，他说，绝非歌中色恋值得褒扬，尤为重要的是感知那般恋情带来的烦恼和情深意切。这便是宣长的所谓"知物哀"（《紫文要领》，1763年）。

宣长主张，重要的并非悟得儒佛真理，而是在感动人的描写中怦然心动。他认为触及人心所难以察知的"神之御心"（《源氏物语玉小栉》）是可能的。见下句，"天地中万物皆出于神之御心，神创造了一切"（《石上私淑言》）。无论善恶，皆依神心。就是说，人间的恶行也是神之御心所决定的。这似乎接近于王阳明的"无善无恶"说。

那么人死之后的去处是哪里呢，宣长答道黄泉国，又称说不清道不明的事情多思无益。这种态度与伊藤仁斋近似，伊藤也主张不要受制于"一气"观念，不过伊藤仁斋的依据是现世主义。宣长强调日本神超越现实逻辑时毋宁说采取了盲信的态度，与感喟"神秘"佛陀的亲鸾如出一辙。不妨说，宣长试图以海枯石烂之恋情的切实性为根据，而将天照大御神为主神的日本神绝对化。

本居宣长在其《玉栉盒》（1789年）中称，世间万国之成立皆蒙受天照大御神之福荫。此说逆转了本地垂迹说，将天照大神当作了普遍神。其由来，乃是以诸佛为本的中世伊势神道及信奉神道的北畠亲房的论著《神皇正统记》[①]等。然而此般思想已完全剔除了佛教。江户时代在全国神社势不可当的吉

[①] 《神皇正统记》（1339—1343年），史论，北畠亲房著，记录了神代至后村上天皇的历史，陈述了南朝正统之缘由，囊括了著者各处倡导的国体论·记统论·神道论·政治论·武家论。

田神道，随心所欲地借用了儒学、佛教乃至道家思想。不妨说，本居宣长企图切断这种源流，而将《古事记》当作了唯一的圣典。这里新创了日本的"传统"观念。此学统，在其后的明治时期被称作"国学"。

怪异谭的背面

相对于这种思想，有儒学者称，天照原本为阳（男神），而圣德太子以来却被再造为女神。宣长周围也有一些拆台者，反而主张阴阳五行之类的妄说。上田秋成的理念与众不同。他认为《古事记》不过是《日本书纪》中的"一书"。其基本立场是——作为古书传承下来的皆为后人之重撰，原书皆已烧失，因而皆不足信。《古事记》竟被当作了伪书，真是天大的惩罚。当然，在民间的学者中也有诸多质疑和争论，认为此圣典的根本值得怀疑，进而对形形色色的历史性进行了追问或追究。

时代略前略后，八代将军吉宗于1720年放宽了对于西洋学问书的管制，汉译洋书经长崎出岛流入全国。但是日本国内的出版物仍处在统制管理中，井原西鹤的"好色物"之类仍在禁止之列。这是享保改革的一个方面。但"好色物"变换了一个名称"浮世草子"；上田秋成早期则用了和译太郎的假名，在中国笑话之类的翻写①中十分活跃。其《世间妾行气》（1767年）采用了双线连续的故事形式，乃是食人鱼肉获不死身的阿春一代记（传记）。作品出处应在浦岛传说。说道一个女人乃不死身，没完没了地更换亭主（丈夫），因是一代记，不死的一生也总得有个了结呀。这里的趣味性，正在于如何了结阿春的不死。显然是荒唐的无稽之谈。

秋成之后专念于日本古典研究，他严厉驳斥道，本居宣长

---

① 日语中称作"翻案"。即模仿他人作品，细节上重新撰写。特指小说、戏曲的翻写。

的《古事记》研究乃妄说耳。另外，他模仿中国的怪异传说创作了短篇小说集《雨月物语》（1776年）。晚年，他还撰写了另一部妖怪成群的《春雨物语》。其中的《二世缘》，写到即身成佛、眠于地下数百年的僧人被挖了出来，醒转后娶了一个食鱼妻；另外则配置了一位拒绝念佛的临终老妪，佛道在此已被彻底虚妄化。秋成终生喜好妖怪题材，其背面正是不断地暴露佛教之虚妄。

关心幽冥界

平田笃胤乃为秋田藩士之子，具体的原因不甚明了，总之在江户的庶民中生活了一段时间后，他成了平田家的养子。他以本居宣长弟子的名义，将记纪与祝词了然于心，进而创作了堪谓日本"元神话"的作品。藉此，他又不时援引孔子的儒学、佛教经典或西洋的天文学等，最终不遗余力地主张，惟日本神话显示了普遍性原理。其思想特色首先在于否定宣长的文献注释学态度，主张将立足点放在庶民的生活感情与民俗信仰上；其次是将现世看作虚幻、无常的世界，而主张死后的世界、幽冥界才是灵魂本来之居所，表现了对于死后世界的强烈关心；第三，是现世积德、死后将有善报的伦理；第四，则是将产灵神想定为世界始源的神道观。

平田笃胤主要的著书是《灵能真柱》（1813年），主张确立真道即大和心，重要的是知晓"灵魂去向"。他说人死之后将赴大国主神治下的幽冥界。笃胤的所谓幽冥界或幽世在于此世国土。然而对于活着的人，一般却是看不见的世界。这里的"证明"要在去了幽冥界又生还的活人那里去找。

起死回生的天狗小僧寅吉在江户闻名遐迩，与见过小僧的山人们询得寅吉的生平后，笃胤整理、创作了《仙境异闻》（1822年）。笃胤亦与死后甦生的人物对谈，并将谈话内容整理成《胜五郎再生记闻》（1822年）。笃胤与宣长不同，他十分关注死后灵魂的去处，为的是对抗民间影响广泛的、佛教的极乐往生或地狱观念。笃胤亦行恶，却有如下主张，积德者活着的时候并无回报，但在死后的世界中，冥界的主宰大国主命却会做出正当的裁判——善有善报。

笃胤的学说获得很大影响力。幕府将他逐至秋田并禁止其著述（1841年）。但他却弘扬了取而代之佛教的生活伦理。殁后，信奉者不断增多，在幕府各种各样高涨的神道信仰中，平田国学借力跃为神道之主流。在黑船来袭引起骚动的人们心灵中，笃胤信念坚定地主张之"神国日本"观念，自然引起了很大的共鸣。他主张神国国体论——司职现世者须是天皇，这种观念伴随着幕末的水户学，成为尊王攘夷运动的支柱，并由明治初期的神主①们所承接。

接受进化论

进入19世纪时，大阪的大商人番头②山片蟠桃，研习了天文学等西洋的科学知识，在其著书《梦之代》（1820年）中，发表了透彻的、关乎朱子学合理主义的见解。他认为，太阳神信仰具有普世性，进而批判北畠亲房关于日本天照为普遍神的主张，也批判了足利时代中期公卿大学者一条兼良主倡的、以《日本书纪》为依据的神道家妄说。他认为，以典籍的有无为基准，应从记纪的应神天皇开始方有确切的记述。他还力倡无神论，认为鬼神的存在缘自人类的精神作用。

论及天文学，他主张地动说；论及生物，他强调适者生存的进化论——拥有便利器官且容易生存者繁衍子孙。无从知晓，他是通过什么渠道了解到法国拉马克③的进化论。他强调，人类固然是最为卓越的，但人只是万物之主罢了，与其他物种"皆同

---

① 神道神社中的神官。
② 受雇于商家的地位较高者，相当于大管家。
③ 拉马克（Jean Baptiste Lemarck，1744—1829年），法国博物学家，生物学伟大的奠基人之一，生物学一词即他发明的，最先提出生物进化论学说，提出高等动物是由低等动物演变而来，是进化论的倡导者和先驱。

类"——不可以其他生物来单纯地满足人类的贪欲。

此著并无太大的普及性,却充分显现了一种近代式理念的形成过程。他于现世中透彻领会了朱子学的"天地自然之理",且在此立场上接受了西洋的科学知识。幕末的启蒙家佐久间象山,也曾基于朱子学立场,进言幕府引入洋学("文久2年9月上书",1862年)。当然,这里主要强调的,是引进西洋的大炮制造技术。

朱子学、阳明学的复兴

幕末,儒学也发生了很大的变化。1790年,幕府正规的昌平坂学问所封禁了"异学"即朱子学以外的学问(宽政异学之禁)。为此,阳明学和折中派的势力得以强化。不久之后,幕府亦复活了对等于朱子学的阳明学。

幕末儒学界的权威者是佐藤一斋,他34岁成为林家塾头(塾长),70岁成为昌平坂学问所的儒官,教授朱子学,致力于幕末儒学之复兴。但他年轻时代曾是阳明学的信奉者,因此白天讲授朱子学,晚上讲授阳明学,有人便诋毁他是"阳朱阴王"。门徒中活跃于明治期的人才辈出,如朱子学系中村敬宇(正直),阳明学系山田方谷(备中松山藩)、奥宫慥斋(土佐藩)、横井小楠(熊本藩)等。此外佐藤一斋整理的随想录《言志四录》,亦成为幕府志士的精神支柱。维新主角是萨摩藩的西乡隆盛,也曾抄录一百零一条,以为座右铭。那种面对全世界孤身拼搏的气宇轩昂的雄才大略,显然培育自阳明学。在我们的眼前,能够想象出一个独立于天地宇宙的个人形象。

出自王阳明《示弟立志说》(1515年)的"立志"一语则成了流行用语,王阳明说,"夫学,莫先于立志"。净土真宗本愿寺派僧人勤王家月性起于"男儿立志出乡关"的汉诗《将东游愿壁》,长期以来脍炙人口。此外自由民权运动中创立的据点"立志社"以高知(1874年)为中心,尚有四国、中国地方等7处。

第四章 天赋人权论和进化论的接受
——生命观的现代化

一 天赋人权论

生命观的近代化

下面来回顾一下日本生命观的近代化。首先给诸位描绘一幅略图。

明治时期，从欧洲、美国传入日本的，有基督教、近代诸科学及关乎浪漫主义、自然主义、象征主义的各种思想和艺术。基督教未能扎下根来，但基于万物神造（上帝制造）之创造说的自由·平等思想，却在传统的天道思想作用下扎下了根，进而生成了天赋人权论。天道思想亦变换作用，由生命平等转而支持社会平等。在欧美，人们重视上帝分予之理性，将相关的理性主义与近代科学当作天理来接受，由此产生了以理论假说为绝对理论的态度。但在流入的新思想和接受新思想的传统思想间亦会发生变化。

所谓近代生命观，一般指称基于生物学的新理论。19世纪30年代，欧洲在细胞学方面有了新的发现，确立了一种新的观念——将拥有细胞的植物、动物统归于生物之范畴，人类亦被当作生物中的一个种类。在此之前，已发现矿物亦会结晶成长，有观点认为矿物亦具不完全之生命。因此，1862年法国巴斯德①对于微生物自然发生说的否定，毋宁说提供了新的转机。

在此，查尔斯·达尔文（Charles Robert Darwin，1809—1882年）《自然选择与物种起源》（1859年）中作为进化论主要理由提出的生存竞争说，却被当作了第二指标。人与猿乃相同祖先分支的说法与基督教的创造说发生了严重的对立。

然而，此乃英语圈中发生的故事，在法语圈中，拉马克主张的获得性遗传说仍旧强劲——如长颈鹿的脖子代代增长。到了20世纪初，突然变异说占据了主导地位，生存竞争说失去了市场。然后是1920年美国基督教原理主义②得势。在欧美的生物学世界，遗传理论与达尔文学说之紧密结合发生在20世纪30年代以后。

如此看来，19世纪后期乃至20世纪前半期，像日本这样达尔文主义广泛渗透的国家绝无仅有。但却并非是在科学思想的层面上。在日本，作为"天理"接受的进化论与传统思想中的其他"天理"融为一体，广泛的渗透中发生了诸多变化。

"生命"的繁殖力

"生命"一语的频繁使用乃在明治维新以后，江户时代十分少见。

维新时期，昌平坂学问所儒官中村敬宇（正直），曾在伦敦任留学生监督官，归国后在移往静冈的旧幕府学问所任职，他曾翻译了以英国产业革命勃兴期为背景的、倡导发明与创业精神的《自助论》（塞缪尔·斯迈尔斯③著，1859年），后改译书

---

① 巴斯德（L. Pasteur，1822—1895年），法国生物学家，坚定的基督徒，不相信无生命的物质中会产生有生命的微生物。他坚决反对"自生说"。

② 基督教原理主义（Fundamentalism），20世纪20年代兴起于美国的基督教派，主张完全信奉《圣经》中的基本教义，持批判、排斥近代主义与理性主义的立场。

③ 塞缪尔·斯迈尔斯（Samuel Smile，1812—1904年），英国19世纪伟大的道德学家、社会改革家和睿智的散文随笔作家。

名为《西国立志篇》（十一册，1870—1871年），畅销不衰。

其第一篇开篇即提出如下命题——"天助自助者"。这里的"天"作为世界造物主乃是世界之外超越性的存在——基督教"上帝"的译词。第一篇尚有一文强调，政府当"保护人民生命"，亦有版本在"生命"一语的左边标记了"イノチ（INOCHI）"。这个时期，十分流行文句右侧标音、左侧表意的标记方式。"生命"一词自然是英语"life"的翻译。在英国哲学家赫伯特·斯宾塞①之流看来，政府只须保护上帝赋予人的生命权利，除此之外当自由放任，这种理论构成了天赋人权论的基础。

而"生命"一语却显示了惊人的繁殖力。明治中期出现了生命保险公司，但将生命以金钱换算是对是错，却成为人们争论的焦点。此外内村鉴三在日本成为基督教信徒后，渡航美国，却对权威教会的丑行感到绝望，为此走上了无教会的道路。他留下一句名言，"破坏与改良是社会的生命"（《请勿踌躇》，1901年），指称的是更新社会的原动力。他还不时使用"国家生命"的说法。此等用法在英语的"life（生命）"和中国的"性命"中殆未所见。1910年前后，性欲一语成为"自然主义"文艺的代名词，为此，自古以来的"性命"一语受到波及，"性"字的用法开始常常关联于性欲性恋，而很少再有"生命"之含义。

天不造人上之人……

福泽谕吉在其《劝学篇》初编（1872年）开篇写道，"天不造人上之人，亦不造人下之人"。此言闻名遐迩，强调人类平等。句末有"据说"字样。福泽谕吉开篇参照的，像

---

① 赫伯特·斯宾塞（Herbert Spencer，生于1820年4月27日，卒于1903年12月8日），被称作"社会达尔文主义之父"。其学说把"适者生存"的进化理论用于社会学，尤其是教育和阶级斗争。其著述涉及规范、形而上学、宗教、政治、修辞、生物和心理学等。

是美国的《独立宣言》（1776年）。其政治体制论，并非共和制而是王室不参政的、英国式的君主制。他的著作中常有"据说"字样，几乎统统不见主语。

关于政治自由，福泽谕吉称之为"天道自然通义"（《西洋事情》二编，1870年），意即顺乎天道的常识。在西洋的理念中，人类诸权利受赋于基督教上帝。江户时代在一般化天道思想的基础上接受了前述理念。问题在于，当使用怎样通俗易懂的解说方式教化民众。也许，福泽这里的所谓"据说"，未必起因于念头之中的西洋学说，而是"人们常说"这样随意的表达。

福泽之类的启蒙思想家，将明治维新论之为实现"四民平等"的革命，起因于黑船冲击的倒幕运动则引发了或开国或尊王攘夷的争论，经历种种曲折后终于确定了尊王开国之国策。在这个过程中，政治自由和四民平等并非其口号。但自由、平等的思想已深入人心，身份制度也在金钱的作用下步履维艰，因而接受民主主义乃势所必然。

然而，江户时代的通念是将生命的自由平等作为一组概念来理解，天赋人权论者们重新论及自由、平等之关系时，并未将之分别置于社会、国家的关系之中加以考察。述及个人诸权利，也不是将之剥离于生命、社会或国家，为此涉及个人、社会、国家之相互关系的理念也时时根据情况的不同，根据论者立场的不同而不断地发生变化。此等情况下，个人生命的价值也在不断地发生动摇。关于此，我们将在后面继续关注。

征兵令

明治新政府从法令上认可国民的自由与平等是在明治维新5年之后。维新后，新政权不再拥有直辖的军队，于是每次发生农民暴动之类反政府运动，便须临时调来旧藩兵镇压。1871年废藩置县后重整了中央集权制，才模仿西洋诸国导入了"国民军队"制度。1872年11月颁布了征兵诏，发布了征兵告谕，承认了国民的自由平等，作为交换条件，则为"防止国家灾害"而添置了西洋所谓的"血税"——满20岁的男子有义务服3年兵役。

"国民皆兵"制度的基础，在于国民将自己的部分权力提供于国家，以及维持秩序、各人获得安全保障的自然权思想。那是一种直接的义务担当方式，所有国民（当时各处均限于男性），皆有义务服务于军队这种国家暴力装置。

实际上，强大的拿破仑国民军即以军功论功行赏，那也是出人头地的一个途径。各地贵族豢养的优雅军队，转瞬之间鸟兽散。于是各国仿建国民军。幕末的日本也对拿破仑的军队了如指掌。当然，"皆兵"在任何国家都名不副实，一般官吏、国立大学生或身为一家经济支柱者可免服兵役，也有很多以金钱取而代之的方式。明治政府亦无例外。

然而那毕竟只是一个救急式的告谕，对至关重要的自由平等内在含义未置一语解释。而这种一定期间服务于国家之危难事业的命令，尤其对农村的次子三子构成了沉重的负担，加之对藩阀政府的制度改革不满，各地发生了称作"血税一揆"的农民暴动。中国（日本地名）、四国等地的暴动规模最大。在冈山、鸟取、香川等地，各有一两万人受到起诉。素守和稳遗风的农村、山村地域，激烈地反抗了国民国家之统合。此动态与地租改正①的反对运动亦有关联，此运动后来转化为减税运动且为自由民权运动做了铺垫。

二 接受进化论

进化论的季节

在英国，自称为"达尔文主义斗犬"的托马斯·亨利·

---

① 明治政府关于土地制度和税制的根本改革，1873年（明治六年）公布的"地租改正法"，使农村经济发生了很大变动。

赫胥黎①指出，斯宾塞类推人体与社会结构、主张自由放任的理论是错误的，进而，赫胥黎强调了伦理和教育的重要性（"相对于行政的虚无主义"，1871年）。曾在荷兰莱顿大学②留学的西周也曾主张，将自然界和人类社会分别加以考察，才是所谓的文明之道（《百一新论》，1874年）。

荷兰是欧洲最早摆脱宗教束缚的国家。正因如此，封禁天主教的江户幕府才会与之建立通商关系。勒奈·笛卡尔③提出，有异于人类而无具精神的动物是发条玩具一般的机械性存在（动物机械论）。这一理论提出一个世纪之后，法国医生拉·梅特利（La Mettrie）提出拥有精神的人类也是机械，且同样在荷兰以匿名形式出版了《人类机械论》（中译本书名为《人是机器》，1748年）。但拉·梅特利还是被迫在德国启蒙君主的庇护下逃亡国外。与拉·梅特利一样，维新翌年，西周也在育英塾提出了上帝生于人心说。此外，英国有学者提出能量还原主义即以能量为世界原理的理论（《百学连环》，刊于1961年）。据说，原因在于英国的热力学较为发达，他们为电磁波能量的奇妙性所折服。

与西周、福泽谕吉一同加入明六社④的加藤弘之⑤，在其

---

① 赫胥黎（Thomas Henry Huxley，1825—1895年），英国博物学家、教育家。主要著作有《人在自然界中的地位》、《进化论与伦理学》等，早在1898年，严复将《进化论与伦理学》部分翻译为中文，中译本书名为《天演论》。

② 莱顿大学（Universiteit Leiden），于1575年始建于荷兰古城莱顿，是荷兰历史上最古老并首获认可的第一所常规大学，目前也是欧洲排名第二的历史悠久的大学。

③ 勒奈·笛卡尔（René Descartes，1596—1650年），法国哲学家、自然哲学家、数学家。主要著作有《方法序说》、《省察》、《哲学原理》、《人类论》、《情念论》等。

④ 1873年森有礼发起的、日本最早的学术团体，机关杂志为《明六杂志》，鼓吹涉及政治、经济、宗教的启蒙思想。1875年在政府的言论自由镇压下停刊。

⑤ 1836年生于日本兵库县，1916年殁。政治学者、教育家、官僚。曾任东京大学综理、帝国大学总长、贵族院议员等。主要著书有《真政大意》（1870年）、《国体新论》（1874年）等，后期的《人权新说》（1882年）则由天赋人权论转向社会进化论。

《真政大意》（1870年）中提出天赋人权论立场上的人格自由、独立平等、他人权利尊重说。而登上东京大学首任综理（校长）宝座后，却在论著《人权新说》（1882年）中推翻了之前的理论，将天赋人权论等当作迷信而摈弃，进而参照达尔文的生物进化论和斯宾塞的社会进化论，主张英国的君主立宪制适合于当时的日本。他将自然科学的法则当作"天理"，主张摆脱迷信的道路。

加藤的《人权新说》受到天赋人权论信奉者和自由民权论者的强烈批判。尤其是在英国学习工学和法学的马场辰猪，认为加藤的理论漏洞百出。不过马场也主张，自然力乃生物界与同为生命体的人类社会间的相互作用，这种相互作用促进了双方的进化（《读加藤弘之君人权新说》，1882年）。

这样的论争其实也是一种刺激，在年轻的知识分子间掀起了进化论热潮。在1888年开张的、面向书生的东京·芝——新式贷书屋（不同于以往行商而是有店铺、邮局配送的新的贷书方式），书架的三分之一是英文书籍，其中的博物学书架上，除了有限的图鉴类，几乎全都是达尔文与赫胥黎的书籍。在哲学类书架上，斯宾塞的著书与年俱增。

拟人法

第二次世界大战后，某科学史家指出，在日本达尔文主义并非作为科学而是作为人生论或社会论得以传播。其理由，在于缺乏生物学的积淀或基础。他指出日本的生物学不过是——著名的大森贝冢发现者莫尔斯[①]在东京大学发表的、比喻性的简明介绍，滞后的翻译书籍的出版刊行，或生物拟人化之万物有灵论的残存，诸如此类。此般见解，超越了科学史的范畴而具有相当广泛的影响力，也是紧密关联于日本人生命观的重要

[①] 莫尔斯（Edward Sylvester Morse, 1838—1925年），美国动物学者。发掘了大森贝冢，率先在日本系统介绍了达尔文的进化论。

问题。

在日本郊区，接触野生动物的机会很多。日本人亦信干支，与动物的心理距离相对较近。欧洲人只有在动物园才能看到猴子，而日本人说到人与猴子的亲类关系时，并不产生很大的反感。亦可确信，在日本，动物拟人化的语言倾向十分强烈。论及进化论，关联于介绍的方式和万物有灵论。

万物有灵论，信仰一种构成生命源泉的精灵，或以某种动物作为部族的守护神，或吹入生气死者甦生，或关乎生物转生的思想等等。一般认为，那是一种原始信仰，基督教的耶稣复活，婆罗门教（Brahmanism）和佛教的轮回转生观，也都以之为基础。

不过从广义上讲，万物有灵论指称的是一种灵魂信仰——对于土地神或风神的信仰等。在欧洲，基督教将之贬斥为"虚妄的信仰"。向往精神之无限自由的浪漫主义喜好希腊、凯尔特神话中讲述的土地神或自然精灵题材，象征主义则多以东洋诸神为题材。在19世纪的美国，辞去牧师职执迷于东洋神秘的拉尔夫·沃尔多·爱默生①，讴歌的是"宇宙大灵"。以《森林生活》（1854年）登上文坛的梭罗及《草叶集》（1855年）诗人惠特曼，不妨说都是爱默生的弟子。

前近代，日本的祭神有灶神、厕神等不胜枚举。有趣的是，江户时代后期甚至连家具、工具都化作了妖怪。例如分壶茶釜②亦被归之于万物有灵，但生物拟人化的原因并非局限于此。拟人化在"生物社会"或"动物文化"之类的观念中亦时常出现。19世纪20年代的精子、卵子生物"载体"说及最

---

① 拉尔夫·沃尔多·爱默生（Ralph Waldo Emerson，1803—1882年），美国思想家、哲学家、诗人。

② 江户时代的通俗传说之一，称群马县馆林市的茂林寺中有一只狐狸变成的茶壶，一说称此茶壶具有神力可以分福，因此得名。

近理查德·道金斯①《利己的遗传基因》（1976年，又译为《自私的基因》）中提出的生命体理论——主张遗传基因作用于方便自我保存之生命体，乃是拟人法的极致。道金斯亦强调，那是一个比喻。

日本的特征

实际上，达尔文主义在英语圈的传播也具有人生论、社会论之特点。达尔文认为，物种进化的主要原因是"生存竞争"，在存活者遗传基因最易流传的意义上，这里的"生存竞争"与斯宾塞社会进化原理中的"适者生存"同义（《物种起源》第五版，1877年）。进而，尤其在美国的企业家中间，生存斗争被当作了正当的竞争原理。他们也会具有感同身受的怜悯心，因为大家同样处在竞争失败的危险之中。

在日本，生存斗争却被理解为国家或民族间的竞争。达尔文也好，斯宾塞也好，所论基本都是围绕着个体生命存续的种的进化。日本却无视这种状况。例如自由民权运动中被官宪追杀得走投无路时，北村透谷脱离了运动而走上文学家的道路。他就说，"人类的种族活动唯有生存竞争"（《明治文学管窥》，1893年）。他还莫名其妙地论及"生存竞争中的国际关系"（《国民与思想》，1893年）。透谷曾在横滨为来自英国的贵格会派②牧师作翻译。当时，被看作未来天才的中学生们尽管不

---

① 理查德·道金斯（Clinton Richard Dawkins，1941— ）。英国皇家科学院院士，牛津大学教授，著名科普作家，生物学家。

② 贵格会派（Quaker）即基督教的一个教派贵格会，又称教友派或公谊会，乃基督教新教之一派别，成立于17世纪，主张人的内心获得上帝直接的启示，所谓"内在之光"。创始人为乔治·福克斯，因一名早期领袖号诫"听到上帝的话发抖"而得名。中译为"震颤者"，音译为贵格会。该派反对任何形式的战争与暴力，不尊崇任何人也不要求他人尊崇自己，不起誓，主张任何人兄弟一样相处，主张和平主义和宗教自由。贵格会信徒受英国政府迫害，与清教徒一起移民美洲；又受清教徒迫害，大批贵格会教徒逃离马萨诸塞州而定居罗得岛州和宾夕法尼亚州等地。该教会反对奴隶制，在美国南北战争前后的废奴运动中起过重要作用。贵格会提出的一些进步思想，现仍得到广泛接受。

及透谷那般水准，同样也能广泛阅读英文书籍。因而，说到进化论未能获得科学性传播的理由，并不能归之于莫尔斯所谓的介绍或翻译的迟滞。毋宁说理由在于，东京筑地①仍留置着外国人居留地，不平等条约的改正乃为当时日本之课题。

留学德国、师从新达尔文主义倡导者魏斯曼②（从事遗传结构之研究，明确否定拉马克学说）的生物学家丘浅次郎，也将国家间的战争比喻为猛兽群体同类间的争食（"人类的生存竞争"，《中央公论》1905年10月号）。猛兽在同类群体间并不争食，落单的狼与狐狸或会争抢着追逐兔子，但二者并不自相残杀，人类毋宁说还不如猛兽。对于那场以尸骸成山为象征的日俄战争，生物学家们亦大惑不解。

丘浅次郎亦以佛教的无常观，解说了面向破灭的、独树一帜的进化论。生物学中所谓的进化，原本指种群的渐进式变化，并未包含着进步、发展之含义。因此需要强调的是，破灭式的进化论亦有其存在的理由。

国家生命体论

论及国家间的生存斗争，毋宁说亦是一种国家拟人化的方式。而将国家比喻为人体，见于古希腊的柏拉图（公元前4世纪）；在公元前2世纪的中国，则见于前汉以儒学为国教的大儒董仲舒，他将国家体制比喻为人的身体，将君主解释为"心"。在欧洲近代，法国的让－雅克·卢梭③在其《政治经济论》

---

① 添埋池沼或填海新建的土地。
② 魏斯曼（August Weismann，1834—1914年），德国生物学家。主要著作有《生殖质》（1892年）和《进化论讲义》（1902年）等。
③ 让－雅克·卢梭（Jean－Jacques Rousseau，1712—1778年），法国伟大的启蒙思想家、哲学家、教育家、文学家，18世纪法国大革命的先驱，启蒙运动最卓越的代表人物之一。哲学上主张感觉乃认识的来源，坚持"自然神论"的观点；强调人性本善，信仰高于理性。社会观上，主张社会契约论，主张建立资产阶级"理性王国"；主张自由平等，反对大私有制及压迫；提出"天赋人权说"，反对专制与暴政。主要著作有《论人类不平等的起源与基础》、《社会契约论》、《忏悔录》等。

（1755年）中提出了社会契约论与法治的理念，主张保护市民的幸福乃是政府之义务，他一面表示其比喻"平凡而缺乏正确性"，一面仍将自治体或国家的构造比喻为人体。此乃法兰西革命时期唤回的、国民国家的标准理念。与之对抗的是德语圈甚嚣尘上的相关说明——国家是拥有上帝赋予之目的性的有机体，认为封建性的身份秩序不同于人体机能。

随着生物学的发达，更有观点认为每一个国民都是细胞，团体和机关则为各个器官。当然，这也是来自德国的议论，当时的德国无论在君主制国家的分立上还是在国民国家的统合（1871年）上，都是相对落后的。重视每一个细胞者便是共和制，而重视中枢神经与脑力者便是集权式的国家论。

19世纪德语圈代表性的法学家是布伦智理①，其《一般国学法》（1851—1852年）的立意在于国家生命体论，他否定了个人社会契约基础上创立国家的社会契约论，否定了王权神授说基础上强调君主绝对权力的绝对君主论，同时也否定了作为其对极的人民主权论等，他强调的是国家自身的主权。他主张民族自决权乃正当之权利，国家作为文化共同体应扎根于民族传统。此著曾刊出了加藤弘之的摘译本《国法凡论》（1876年）。

将之附会于日本者，正是将天皇看作法人国家之头部的天皇机关说。此说最先由帝国大学法科大学教授一木喜德郎提出，而后，其门下美浓部达吉又将议会主义调和其中。1911年，此论说受到天皇主权论者攻击（天皇机关说论争），但却受到官僚层和知识层的广泛支持，为此推进了政党政治，终在1935年前后获得了公认。

---

① 布伦智理（J. C. Bluntschli，1808—1881年），又译作布伦奇里，19世纪德国代表性法学家，生于瑞士，主要著书有《一般国法学》（1852年）。其他著书有《德意志私法》（1853年）、《一般国法学与政治学史》（1864年）和《近代国际法》（1868年）等。

家族国家论

东京大学改组后，加藤弘之成为帝国大学总长（校长）。帝国宪法颁布那年他再度转换立场，主张统一弱肉强食原始状态的强者权利渐渐转移到人民手中的过程，正是所谓的社会进化（《强者权利与道德法律之关系》，1889年），之后直至中日甲午战争，乃将天皇制看作古代"族长政治"之展开，且开始鼓吹日本"君民真正之一家亲子关系"（"与国家生存之最大基础相关的、东西两洋比较研究"），此即所谓的"家族国家论"。

加藤还在相同时期主张"殉国之义"，他说，在日本并无中国那般"孝"亲与"忠"君的区别，"对君忠孝一致"的人民"天子赤子"儒学理念，却在未曾发生易姓革命的日本得到了更加纯粹的贯彻。此乃加藤的"忠孝一本"、"万邦无比国体"论。之后他又强调唯"忠君爱国"，才体现了日本国家细胞的国民固有性（《自然与伦理》，1912年）。如此，加藤弘之两度改变了他所信奉的"天理"之内在含义，发明了同为家族和生命体的国家论，将之附会为古来的传统。

此外，加藤弘之的伦理根本乃"为己且利人"，彻底的利己主义自然也是爱他精神之发扬。斯宾塞在《心理学原理》（1870年、1872年）中指出，高等动物自然晓得适者生存的原理，作为社会本能，应指向"利己"与"利他"的调和。此外德国的生物学家恩斯特·海克尔[①]在其普及性读物《宇宙之谜》（1899年）中，提出了人类的两种本能——"爱己"（利己及个体的保存本能）与"爱他"（利他及种群的保存本能），他说社会生活中的高级动物明晓"社会的繁荣即自己的

[①] 恩斯特·海克尔（Ernst Heinrich Philipp August Haeckel，1834—1919年），德国动物学家、哲学家。著有《生物体普通形态学》、《创造的历史》、《人类的进化》、《宇宙之谜》、《放射虫目》。

繁荣，而社会的苦难亦即自己的苦难"，他主张建立新的道德律——"利己亦利他"。加藤无疑参照了海克尔的此般理论。

民族的生命

在19世纪末的欧洲，迎合帝国主义战争的种种理论甚嚣尘上，有观点主张缓和阶级斗争之类国内矛盾而强化国民之团结。英国B.基德①的《社会进化论》（1894年）即主张为集团的维持要不惜自我牺牲，这样牺牲自我的个人越多，集团生存的获胜机遇便越大，基于这种集团优劣的原理，基德批判了主张最大多数人最大幸福的功利主义、社会主义和个人主义，相反主张，基于新教伦理的爱他精神涵养正是大英帝国所需要的。在帝国主义战争时代，基于个体原理的斯宾塞的社会进化论失去了吸引力，在英国首当其冲的问题也是国家的生存。

1893年在帝国大学，率先在日本开设社会学讲座的是外山正一，在其哲学会讲演中论及了基德的理论。他将基德理论批判为侵犯信教自由的主张，提出国家、社会、自我一体化的无我精神才真正符合日本人特性（"关于人生目的我信界"，1896）。外山强调个人生死乃集团永续的新陈代谢或为人性之"假象"；而集团生死换而言之，个人之生死唯有在民族、社会的"生命"中才存有人性的"真相"。

当时，论及甲午战争中日本的胜利，诸多观点认为理由在于日本分业之类近代化进程的成功。外山的理论具有特异性，他说只有在"民族生命"的观念中才能解释日本人的特性。然而社会学鼻祖、法国的奥古斯特·孔德②，批判孔德、主张

---

① 基德（Benjamin Kidd, 1858—1916年），英国社会学家，重视宗教的社会机能，引介了达尔文主义。

② 奥古斯特·孔德（Auguste Comte, 1798—1857年），著有《实证哲学讲义》、《实证政治体系》。

社会无法还原为个人、倡导社会自身之特定研究方法的迪尔海姆①以及斯宾塞，皆持相同的社会生命体论立场——将部族或民族之类各不相同的社会比类于生物物种。留学英国且崇奉斯宾塞思想的外山正一基于民族的生存竞争理念，渐渐强化了那种结构且转向个体的新陈代谢论。

此外，外山还在批判基德时率先提出了"信教自由"的理念。明治政府则在列强危机加剧时，表面承认了"信教自由"且强化了如下观点——"神道乃皇室的祖先崇拜而并非宗教"。与加藤弘之一样，外山正一的日本国家论没了宗教色彩而分别重构了日本民族自古以来的传统观念。下面涉及的穗积八束的理论与之具有共通性。

血统国家论

外山正一讲演翌年，帝国大学法学部宪法学教授穗积八束，在其面向一般读者的《国民教育爱国心》（1897年）中，主张日本民族乃"血统团体"。开篇写道："我日本民族的固有体制乃血统团体。（略）吾人祖先即我之天祖。天祖是为国民之祖，皇室乃国民之宗家。"就是说，日本人一脉相承于天皇家祖先的血脉。此乃家族国家论之一种，此等比喻高唱的"家族"、"血统"之类语词，顿时关联于人们的身体实感及每一个人的生命观或生命感。

血脉或家系之类的思维方式古已有之，但日本民族一脉相承血脉集团之类意识从何而来。日本各地遗留着许多源自朝鲜半岛或中国大陆的名字、地名，尤其在北九州一带，自家先祖来自朝鲜半岛的色彩浓重的传说，一直延续到昭和战前期。当时富有影响力的是日本人之多"人种"混血说。地理学家志

---

① 迪尔海姆（Emile Durkheim，1858—1917年），又名涂尔干，法国社会学家，社会学学科奠基人之一。主要著作有：《社会分工论》（1893年）、《社会学方法的规则》（1895年）、《自杀论》（1897年）、《宗教生活的基本形式》（1912年）等。

贺重昂的《日本风景论》(1894年)闻名遐迩,在其东京专门学校(现早稻田大学)讲义录《地理学》中说到,日本人统合于三个人种——虾夷人、朝鲜民族和马来人种,并称这种"一个特别人种化成"说乃是人类学家一致的看法。

此外,台湾是甲午战争日本的战利品,日本曾经的国策是予台湾异民族以日本国籍。有人反对,这样一来便与"血统团体"的理念相抵触。可笑的是到了1910年,修订教科书却将关注近代市民道德和基本人权的第一期(1904年始用)基调,转换而为注重儒教道德和家族国家论,穗积八束的论著竟成为教育部门相关者的必读书。

自然的跃动

再来回顾一下明治维新后出生的年轻一代接受进化论的状况。比之他们的父辈,他们是将生物进化论更多当作自然科学之一环。作为例证,可一读岛崎藤村由诗人转身而为小说家时写下的随笔《云》(1900年)。

> 盛夏阳气升腾时,万有化育绝顶。日近,热多。地上蒸发丰富水分。直射光力下,天地恰似奋斗、锐意、活动之舞台或生殖与竞争的世界。

热、水分、光、"生殖与竞争"之类理科用语嵌入了文学性随笔中,表现了盛夏的自然跃动。据说,岛崎藤村是模仿英国美术批评家约翰·拉斯金①的云之观察且在信州小诸感悟于"天地之呼应"。拉斯金为了证实画家约瑟夫·泰纳②散乱光线

---

① 约翰·拉斯金(John Ruskin,1819—1900年),英国作家、艺术家、艺术评论家。

② 约瑟夫·马洛德·威廉·泰纳(Joseph Mallord William Turner,1775—1851年),英国画家,长于水彩风景画。开始受古典主义影响,后倾向于浪漫主义。运用绚烂色彩的印象主义先驱画家之一。

中的天空描写基于正确的科学性观察，对不同高度的云的形态差异进行了更加精密的分类（《近代画家论》，1843—1860年）。"天地呼应"，江户时代一般以阴阳之气说明之。引文中的"万有化育"照搬了儒学用语万物之生成变化，而"生殖与竞争"则明显以生物进化论知识为依据。生长于信州马笼深山的岛崎藤村以新兴的科学知识对展现于眼前的自然表情进行了全新的描写。那种异常生动的自然感并非出自丰富的自然环境，而是出自于科学知识。这真是一个十分典型的例证，观者不是靠眼睛而是靠头脑来观察和感知世界。毫无疑问，此时的藤村业已具有了"自然生命"的观念。

三　修养的季节

灵或肉

20世纪初，高山樗牛在《论美的生活》（1901年）中断言，"人生极乐毕竟存于性欲之满足"。他强调"使人类成其为万物灵长的道德与知识"是相对的，绝对价值在于"人性自然"本能之满足，人类在这种"本然性质"的意义上与低等动物并无二致。此外这个时期，"性欲"一词并非局限于"sexualdesier（性本能）"，而指称整体性意义上的"本能欲望"（instinct desire）。

这种满足生物本能才有人类幸福的主张，在当时的知识分子中间是被当作个人主义宣言来接受的。他们理解的近代生物学生命观乃是一种知识，在他们的感觉中，这里弘扬的是以生物个体生存为根本的一种伦理。

有人认为这种主张受到尼采的影响。樗牛受惠特曼平民主义之影响，无疑也受到尼采的基督教文明批判之启示。惠特曼的诗歌自然表现了大胆的、欲望的解放。尼采则探究了脱离上帝为中心的一切观念或概念之后的自由。但他从来没有说过，要将动物之本能当作伦理之准则。将尼采这样反理性地低俗化，就如同强求人们崇奉叔本华的"盲目的生存意志"——说穿了即为性欲。此等宣传，来自尼采断言的"上帝无非一个虚构"的基督教。

总之，樗牛将生物学伦理的提出当作一个契机，在日本，也挑起了围绕"肉欲"和"兽欲"的激烈论争。无论肯定、否定，赞否两论喧嚣一时。岛崎藤村则以性欲的作用为焦点推出了诸多习作。

青年的烦恼

1903年5月，第一高等学校文科一年级学生藤村操，在日光华严瀑布坠落自杀。在其遗书中这样写道，"万有真相，一言以蔽之，曰不可解，我怀此怨恨烦闷不已，终决一死。"

藤村像似模仿了歌德《浮士德》（1808年、1832年）中的主人公。浮士德苦恼于认识与行动的不相一致，绝望于世界原理的纠缠不清，他想饮下毒酒自杀，但此时复活节的钟声唤醒其幼时的记忆，遂放弃了自杀之念。日本亦可听到除夕的钟声，却听不到复活节的钟声。事件被称作"哲学的自杀"，一时间充斥了世人耳目，知性青年的怀疑与烦闷一度成为人们的话题。据说，后已剖明其单相思破灭的自杀理由，但4年期间，追随藤村自杀的青年已逾百人。不管怎样说，那是一个社会问题。

明治中期，一味接受西洋文明的政府以帝国宪法构筑了天皇"神圣不可侵犯"的国家体制，以教育敕语①强化的万世一系皇室崇拜和基于武士伦理的忠孝作为四民②平等的国民教化支柱。然而伴随着文明发达，农村凋敝，都市也出现贫民街区。此时社会主义思潮兴起。一味执迷于立身出世则被质疑为利己主义。置身于20世纪入口处的日本青年们，提出了一个

---

① 1890年（明治二十三年）10月30日日本明治天皇颁布的教育文件，强化天皇制国家思想和教育基本理念，其宗旨成为第二次世界大战前日本教育之主轴。

② 江户时代施行的身份制度中的四个阶级——士、农、工、商。

根本性的问题——"人生当如何度过?"此时的"人生"一语与其说指称的个人境遇,毋宁说伴随着人类本性的"人性"之含义。虽说健全的心灵(精神)寄寓于健全的身体,但随着将"人性"看作生物本能的伦理之提出,随着人生阴暗面暴露、尤其是暴露"内部自然"等于性欲的"自然主义"文艺思潮的兴起,使精神乃至肉体问题,益发成为一代青年的苦恼。

修养热潮

知识分子试图回答这样的根本性疑问。其中一项努力便是修养之倡导。"修养"一语,在中国古已有之。但这里的"修养"却是1887年前后由明治时期媒体精英德富苏峰提出的概念——主要是基于基督教立场、取代文部省"修身"之义、精神修养之义。甲午战争后,入信基督教后对阳明学寄予关心的松村介石出版了《修养录》(1899年),净土真宗主张改革的清泽满之,则刊行了《精神讲话》(1902年)及其遗稿集《修养时感》(1903年),面向青年男女的杂志,也热衷于刊载修养记事。

修养论涉及日常生活中的心理状态乃至世界生成之根本,总之每一个人的健全身心乃为目的。标准的修养早晨早起,冷水、干布擦脸擦身,坐禅凝神,读伟人传,锻炼身心,历苦万般。不言而喻,引导青年们生活在没有自我欺瞒的快乐状态下,十分有效的正是禅与阳明学。唯如此,方可培育出独立于世间万物之精神。但如此培育出来的人物,未必有用于国家。的确,有些人天生即有抑郁的精神特征,与社会规范间多有不合且无法融入这个社会。尽管如此,这些人的心病未必致死。

在挑战沙俄大国的日俄战争中,日本好歹取得了胜利,但战死、病死和负伤者达23万人之多,付出了巨大的牺牲。生死问题,即在眼前。1905年,西田天香在京都鹿鹿谷创立了修养团体一灯会,伊藤证言则在东京巢鸭创立无我苑。1906

年，东京师范学校创立了以莲沼门三为发起人的修养团。佛教界论客加藤拙堂的《修养论》（1909年）成为畅销书，鼓吹以禅为中心的佛教统一论。

武士道

日俄战争中日本取得了胜利，国际社会大为惊叹，尤其是在受到俄国压迫的地域，赞赏之声不绝于耳。突击中的士兵们英勇果敢地战斗，为国家义无反顾地献出生命，旋令"Bushido（武士道）"引起了世人瞩目。

始自甲午战争前后的一个时期，尚武精神受到鼓吹，江户时代秘而不宣的《叶隐》亦备受推崇，人们开始称赞儒者否定的"武士道"。陆续刊行的书籍有三神礼次的《日本武士道》（1899年）、井上哲次郎的《武士道》（1900年）、国史学家重野安绎的《日本武士道》（1909年）等。而获得国际性瞩目的则是新渡户稻造的《武士道》（英文版1899年、樱井鸥村日译本，1908年）。

其第二章标题为"武士道的渊源"，首先论及佛教（禅宗）和儒学，核心却在"民族信仰"（national faith）——神道的"忠君爱国"精神，新渡户稻造进而强调，武士道的形成乃在阳明学"知行合一"之类理念的结合。当时，这种理论毋宁说是别具特色的。江户时代武士阶层的忠义对象是藩主，他们若普遍具有此等民族国家观，幕藩体制当瞬间崩溃瓦解。他要鼓吹的是特定的意念——与欧美列强为伍的日本男儿的生存方式，那是创作出来的"民族传统"论，同时也是一种无视"神道非宗教"之政府见解的独特的民族宗教论。

基督教信徒新渡户拥有的并非"超越民族的信仰"，而正是"民族信仰"之观念。照他自己的说法，是留学德国期间阅读了新教神学权威希勒尔玛卡①的《宗教改革》（1799年）。

---

① 希勒尔玛卡（Friedrich Ernst Daniel Schleiermacher, 1768—1834年），德国神学家、哲学家，19世纪新教神学第一人。

希勒尔玛卡说，信仰之根本在于一瞬之间与神合一的个人经验，且将此经验历史性地转换为一种共同体的形式。不过其论说基础，却是发轫于马丁·路德之宗教改革的德国新教主义之受难的历史。

此外，长期作外国人雇员的查布莱恩①返回英国后，出版了新著《新宗教的发明》（1912年），称皇室崇拜乃明治时期发明的新宗教，"武士道"一词在之前的任何辞典中都难以找到，因而是最近十年突然走红的概念，他还指出，所谓勇猛果敢的忠诚心，在世界史上并不是什么特别少见的现象。言之有理。

不久之后，新渡户稻造又推出了《修养》（1911年）一书。为此，"修养"亦与新造的武士道"传统"结为一体，在为国家培育有用人才的意义上广为人知。

则天去私

夏目漱石辞去东京帝大文科大学教授，进入东京朝日新闻社之后，最初的作品是《虞美人草》（1907年）。典型人物是神经过敏的"我的女人"藤尾。围绕藤尾的自杀，小说结尾甲野在日记中写道，"万人皆须面对生死问题"，为生存确立互守之道义，而"道义实在是多余的"。"万人日日朝向生命"，讴歌自由，自信不死，在此，张口等待的乃是"破灭"……

漱石的《三四郎》（1908年）描写了"迷途羔羊"般危险中的青春形态——来到东京的淳朴青年多愁善感，为争强好胜的美丽女性所吸引；《从此以后》（1909年）则描写了一种迷惘的状态，曾为朋友结婚尽力的代助再会了朋友的娇妻，却

---

① 查布莱恩（Basil Hall Chamberlain，1850—1935年），英国的日本学者，号王堂，明治六年（1873年）抵日，在东京大学讲授博言学，研究日语及日本文化，明治四十四年离开日本。主要著书有《英译古事记》、《日本近世文语文典》、《日本口语文典》等。

生迷惘——是继续保持对于朋友娇妻的暗恋好呢，还是应该信守社会规约。小说涉及日俄战争后的社会变化，亦可窥见漱石自身的时代认识——"近来急遽膨胀的、生活欲望的高压促使了道义的崩溃"。

在小说《门》（1910年）中，夺友人娇妻结婚的宗助，东躲西藏过着见不得人的生活，或在禅寺门前踯躅。奢望参禅，救济之门亦不为其开。漱石自己也曾拜于高明禅师门下，却未能获开悟。这里，最大的罪过与其说是背离社会规约，毋宁说伤害他者。漱石始终这样，把读者带到一系列问题的面前，再让读者自己思考——要自由还是守道义或利己还是爱他。他陆续推出了一系列适于修养季节的练习帖。

在明治时代将要终结时，小说《心》（1914年）中的青年因病痛失了故乡的生父，其一直仰慕的、义父般的大学先生竟也相继离开了人世。青年手中留下的遗书上写着——"明治精神"乃"自由、独立与自我"，受乃木希典将军殉死之冲击，先生我为了惩戒自己当年夺友之恋，而选择赴死。人物在此对自己施行了伦理式裁决，能够选择赴死的主体给人以深刻印象。漱石追求的是摆脱自己"生活欲望"的自由，是信守道义或担当责任的主体。这便是"道义上的个人主义"（《私的（我的）个人主义》，1914年）之含义。

这里的道义，亦等同于福泽谕吉主张的天道思想——个人的自由与平等。如此说来，漱石当作座右铭的"则天去私"之意义也便一目了然了，但那并非东洋的虚无思想。汉语的"私"，乃是对立于"公"的私利私欲之义。

安心立命

森鸥外也在追寻其半生心路历程的小说《妄想》（1911年）中，反复究问了关乎生死的根本问题。他所期望的是"内得安心立命、外施十分势力"的境界。"安心"原本是佛教用语，指称安得、沉静、安稳的心理状态——涅槃。"立命"则是保全、顺乎天命本性,乃《孟子》中说法的转用。整体上讲表现了一种稳固的境界,不为任何外力所动。"势力",则是当时能源一语的译词,"外施势力"意味着分力。

鸥外"随心所欲地做着自己喜欢的事情",即像汉语"自由"的字义所表达的那样。同时,也意味着不离正道的境界。这里可嗅出《孟子》或王阳明思想的气息。但他最后却说,唯科学才能最大限度地开拓未来。

不管怎样讲,为天皇殉死,在古代律令制中是受到禁止的,江户时代殉死藩主也受到藩或幕府的禁止。然而,明治天皇逝去时,乃木希典夫妇一同殉死,漱石和鸥外竟没有将之贬斥为"野蛮"。当时并没有多少批判性论调,认为那样的行为与文明国家不相符。这也是战国乱世"武士道"呼之即出的原因。

养生思想的近代版

明治后半期,与尾崎红叶齐名构筑了小说界一个时代的幸田露伴,也曾着手于修养类书籍的写作。1912年7月,在明治时代行将完结之际,东亚堂书店同时出版了露伴连载于修养杂志的随笔《努力论》和加藤咄堂的《修养论》。短期之内一版再版。据说露伴靠这些稿酬建了一座新的书斋。

收录于《努力论》前半的文章反复强调"全气全念"①或发挥气之功用的重要性,主张"一事一物认真对待"。第二次世界大战后,露伴殁后其女儿幸田文发表了回忆父亲谆谆教诲的文章,题为"气运(或气动)"②(《父亲之死》,1949年;《那件小事》,1950年)。

在健康养生法方面,露伴主张"心主气、气主血、血主身",主张气为媒介引发了精神和肉体的作用,实乃道教养生术的近代版。正因具有着旺盛的内省与自我意识,人类方为

---

① 眼前瞬间凝气聚神,全心全意做好一件事。指称一种工作的状态。
② 一种随机应变,迅疾做出妥当判断的能力。

"动物之灵长",某机械论将人的活力喻为时钟发条。序文中露伴论说了人类自主"天命"的英雄豪杰气概,引用儒学的"日日新",主张"自我之革新"。他强调,"世界的进步"正在于努力,此乃进步发展史观。

露伴在《努力论》刊行之际完成的"涨潮退潮"一章中展示了循环论式的世界观,他首先解说了道教的"一气流行",强调生存竞争说仅为以偏概全的肤浅智慧,从而否定了达尔文主义,进而主张,运用植物接受太阳热能光合而为叶绿素,随后动物食用获取营养之类的科学知识,将所有现象解释为"力的移动",基于"宇宙大动力"的"生生活动"及其兴衰循环往复。此乃东洋传统思想和生物学基础上的物质代谢循环论,或结合了物理学能量论的一种生态学。

生态学思想

19世纪后半叶因蒸汽机与电气的发明,人们开始对物理学拥有了普遍的关心。力、热、功等被统一把握为能量或能源,人们开发了计量化的换算方法,且将宇宙看作一个封闭的系统,将总能量不变的能量守恒定律看作第一原理。德国生物学家海克尔①从19世纪60年代至80年代,试图以宇宙循环能量经济学统合生物学的各个领域。他是无神论者,将生物进化论与能量守恒定律一并论证为宇宙的第一原理,被称作"超越达尔文的达尔文主义者"。平易讲解其学说的《宇宙之谜》(1899年),1906年在日本刊行了译本,读者甚众。而在20世纪转换期的物理学中,将世界的一切皆以能量解释的能量还原主义,一度居于统治性地位(下章详述)。

露伴拒斥的不仅是达尔文主义,论及"力不减"说亦即

---

① 恩斯特·海因里希·菲利普·奥古斯特·海克尔(Ernst Heinrich Philipp August Haeckel,生于1834年2月16日,卒于1919年8月9日),德国动物学家和哲学家。海克尔将查尔斯·罗伯特·达尔文的进化论引入德国并在此基础上继续完善了人类的进化论理论。

能量守恒定律，他也强调说，科学是局限于相关体系框架内或受到时代水准限制的相对真理。无论是质量还是能量，表现物理法则的坐标系不过借用了各自等价的、爱因斯坦①的特殊相对性原理（1905年）。

在《努力论》中的"疾病说"一节，露伴陈述道，"当今人弊乃独尊药物及医疗，而忽略了健全法和持心之道"。所谓对症疗法，借用臭氧（Ozone/Q3）的科学用语，即将"关乎水、空气、光线、地上万物的研究"，称作"高级卫生法"。对于先天病弱者的社会关怀十分重要。露伴却指出了这种关怀及近代文明科学专门化带来的弊端，强调有必要保证包括环境问题的、社会整体的保健卫生。世所公认，此乃大大超越了时代局限的真知灼见。

自然志向

幸田露伴的见解，融合了西洋的尖端知识和东洋的传统思想。其实这般思想绝非孤立。日俄战争重火兵器的发达，使人们了解到机械文明也会带来灾祸，为此人们心中的自然志向得以培育。

甲午战争后，聚集在都市工业地带的打工者形成了贫民窟，伴随着阶级问题发生的正是城市问题。内务省（部）地方局参考伦敦清除贫民窟时制定的卫星式花园都市的建设计划，拟由此找到解决的方案。不过，日本的构想跟英国式构想大相径庭。

内务省地方局有志所编《田园都市》（1907年）主张，继承"日本古来的田园趣味"。作为代表性样板的是近江商人出身地滋贺县的五个村庄、渔村，广岛县贺茂郡坂村的农村和

---

① 爱因斯坦（Aibert Einstein，1879—1955年），德裔美籍理论物理学家，犹太人，拥瑞士国际，获诺贝尔物理学奖。相对论——"质能关系"提出者，"决定论量子力学诠释"的捍卫者（振动的粒子）——不掷骰子的上帝。1999年12月26日，被美国《时代周刊》评选为"世纪伟人"。

爱知县海东郡的甚目寺村等。为偿还日俄战争中用于战费的外债，国家财政窘迫不已，同时却促使了传统节俭精神及风光明媚的花园都市集落的形成。

与伦敦一样的是，这样的建设与消除贫民区并无关联，只是将城市工薪阶级的住宅诱导至花园都市近郊。大规模、有计划的开发，令郊外出现一望无际、形形色色的新开发地。所谓田园都市，乃是开发公司推动下的城市开发项目，如东京开发的田园调布，神奈川开发的大船等。关西则在电铁公司的努力下开发了芦屋等中上流阶级的居住地。

此外，当时结核病蔓延，医生们指出都会中空气、水质污染的危害性。鼓励移居郊外，这也推动了田园都市趣味的流行。1909 年，在大阪发行的小新闻《郊外生活》中，刊载了某医生的投稿文章，文中写道："在不健康的城市生活中市民们终日面对繁杂事务，有必要摆脱这种不卫生的环境，出去呼吸新鲜的空气，体验青山绿水的乐趣，以恢复清新活泼的元气。"

卫生思想与日本论的转换

明治时期引入的西洋医学，主要以消毒、杀菌的方式，驱除病原菌或预防疾病。作为象征的，乃是将稀释的化学肥皂液加入珐琅的洗面器中。各地的公共设施皆采取这般方式。此外则是防菌口罩。明治中期流行的口罩十分滑稽，超大且布质结实。不过，这个时期的卫生思想已显示变化。"卫生"一词，原本的语义是卫护生命。

好食白米的东洋诸国多发脚气，找到其原因，尤其在军队乃是当务之急。日俄战争中战病死伤者达 23 万人，其中半数以上患脚气。实际上在此之前的 1885 年前后，海军省医务局已明晓其原因与食物相关。此时，所谓"副营养素"的发现至关重要。"副营养素"本身并非营养，但营养成为营养的过程中需要这种"副营养素"。当然，"副营养素"的发现并未耗时太久。曾在德国留学的铃木梅太郎1910年归国后，在发表的文章中公示了名为硫胺素①的副营养素。铃木是发现各种维生素的先驱。维他命的含义正是活力素。

日俄战争后，与自然志向相呼应，开始流行日本传统重新审视论。例如藤冈作太郎刊行了《国文学史讲话》（1907年），在其总论中论及日本民族之特性，主张强化家族国家的团结力，同时相对于西洋的"自然征服"，强调日本的特征亦非东洋的"自然顺遂"，而是"之于自然的积极的爱"。在其正论中还发现了《万叶集》歌人（诗人）山部赤人歌风中的"自然合一"。

明治过半，掌握明治政权的政治家们对明治时代进行了总结，认为之前的西洋化走过了头，于是颁布帝国宪法和教育敕语以期修正，转向而为结合日本传统的西洋文明的选择与摄取。在幸田露伴刊行《努力论》的时期，社会的主流性议论乃是东洋西洋之调和，或东西文明结合中的日本链接点作用。

露伴还在面向经济界的杂志上连载了《修省论》（刊行于1914年）。在"商人气质今昔"一文中他指出，江户时代商家的座右铭是信用第一；日俄战争后却发生了骤然的变化，"进步发展"中最重要者变成了"手腕"，竞争日趋激烈，"商道"亦发生了混乱。露伴在"使用者的苦乐和被使用者的苦乐"中，主张"利福之比例的不相一致"及"互相扶持的对等关系"，他断言，私有财产的观念本来就是野蛮的思想。在最后的"生产力与生产者"一节，露伴看穿了资本主义结构性质、资本家影响议会的弊端乃至资本的国际性，他强调"个人反抗资本压迫乃至强调自保思想与情感并非什么危险的思想"，他主张罢工和怠工的正当性。露伴还明言，日本绝不能再走帝国主义老路。他基于儒学公益即"义"的思想，主张保障个

---

① 作为抗脚气的有效成分，由米糠中提取、命名，主要成分乃维生素B_1。

人的生存权以及基于相互扶助的一种社会主义。露伴的这部著作，刊行于1910年大逆事件①后、社会主义思想遭到完全封杀的时期。

---

① 暗杀明治天皇的计划暴露后遭到镇压的事件。1910年（明治四十三年），以部分社会主义者暗杀天皇的计划为由，逮捕了大批社会主义者和无政府主义者，其中26人以大逆罪名被起诉，包括无关者的24人被宣判死刑。翌年1月，幸德秋水、宫下太吉等12人被处刑。

第五章　宇宙大生命
——大正生命主义及其展开

一　生命力的解放

能量还元主义

日俄战争后，摆在青年们面前的根本问题是"生命，当如何面对生命"。由此催生了新的思想——旨在根本上应答前述问题。这些新思想，多数是从世界（宇宙）原理的意义上，对"生命"问题进行了思考。

或许有人要问，"宇宙生命"究竟是怎样的一种观念性思考呢。当然任何人没有异议，宇宙是在活动着。所以，宇宙给人以生命感。那么，有人在宇宙的生命中驰骋想象，有什么值得奇怪的呢？然而，源自于古代印度的佛教，中国的儒学渊源、道家思想、道教乃至日本的神道等等，却并不存在前述观念性的思考方式。

古代印度梵①的教诲亦将婆罗门②崇拜为绝对神。《梵

---

① 公元前1000年前后至公元前500年前后印度编纂的一系列宗教文书之总称，原为"知识"之意。又被称作婆罗门教圣典，对起源于婆罗门教、后世成立的所谓梵宗教群，亦有着众多重大的影响。长期以来口头传承，争论不休，后世才有了得以流传的文字记录。

② 婆罗门（Brahmen），印度教或印度哲学中的宇宙根本原理。以自我为中心的"真我"，与婆罗门是同一（等值）的，所谓梵我如一。

(奥义书）①》中这样写道："万物出生自不灭生命，活气丰满。"印度诗人罗宾德拉纳特·泰戈尔②在《精神修行——生的实现》（英译，1913年）中亦曾引用《奥义书》。无疑，这是因为泰戈尔曾在19世纪末的伦敦留学，受到了礼赞神秘生命的象征主义之洗礼，回到故乡自然便产生了那般感触。如果有人说，在其他的东洋思想中也不难找到以"生命"为原理的例证，毋宁说原因恰恰在于经历了20世纪生命主义那般解释的耳濡目染。

将"生命"当作世界原理的理念，最早流行于20世纪转换期的欧洲。这里的"生命"非神非物质，或为神与物质的等同物。在中世纪以来的欧洲，世界乃上帝造物的观念长期笼罩社会。描画出行星美丽轨道的开普勒③，发现了万有引力法则的牛顿，皆怀着敬意与惊异接触到上帝的精妙。世界乃由无数的微粒子所构成。仅有极少数学者认为，上帝存在于所有的微粒子之中（泛神论）或上帝乃人类头脑之中的产物（无神论）。然而，伴随着自然科学的发达，基督教会的权威屡次三番地遭到颠覆从而相对降低了权威性，基于感觉、意识的人类认识经验主义逐渐得势，成为流行的基本态度（实验主义、不可知论）是——未经实验或实证的一切皆不可信。

19世纪后半叶，无疑到了蒸汽机时代。电气研究突飞猛进。在19世纪中期的英国，原先分科为力学、热学的思维方

---

① 奥义书，又称作梵，乃200以上书物总称。各奥义书存在于前佛教时期，多成书于16世纪，成书时期各不相同。

② 罗宾德拉纳特·泰戈尔（Tagore Rabindranath，1861—1941年），印度诗人、哲学家、民族主义者，1913年获诺贝尔文学奖。诗中含深刻宗教、哲学见解。代表作有《吉檀迦利》、《飞鸟集》等。

③ 开普勒（Johannes Kepler，1571—1630年），德国天文学家，发现了著名的"开普勒行星运动三定律"，为牛顿发现万有引力定律打下了基础。主要著作有《宇宙的神秘》、《光学》、《宇宙和谐论》等。发明开普勒折射式望远镜。

第五章 宇宙大生命

式统一于能源的概念之中；在德国则归结于运用对数的熵①的增减之表现方式。能源是世界的原动力，以宇宙能源总量不变之能量守恒定律为世界第一原理的思维方式（能量还原主义），确曾一度乃为物理学界主流。在音速方面颇有建树的奥地利物理学家马赫②认为，原子概念不过是一种假想（1883年）。而在力学方面证明了热现象不可逆性（1872年）的奥地利物理学家玻尔兹曼③却因坚守了原子论立场，而被称作"最后的原子论者"。

进入20世纪，基于阿尔伯特·爱因斯坦的特殊相对性理论（狭义相对论，1905年），开始认为质量和能量拥有不同的坐标系。在玻尔兹曼确立的假说中，熵的增大毋宁说合乎确率性法则（无序性分子运动平均值）。不久之后，这种假说即在统计力学方面获得了发展。此外，这一时期活跃的理论物理学家还有德国的马克斯·普朗克④，他到20世纪中期仍旧主张自然是具有理性和目的意识的有意志的运动，他认为统计力学是值得怀疑的（"宗教与自然科学"，1937年）。

二十世纪的生命主义

然后，"宇宙生命能量"作为世界性原理浮出水面。海克尔即由可循环能量经济学的视角看宇宙，提出了生态学之原型。他在面向一般读者的书籍《生命之不可思议》（1905年）中，设定了贯穿无机质和有机质的"生命"流程，论证了万物有生论。法国的伯格森在其《生命与记忆》（1896

---

① 熵（Entropy），热力学概念。以对数表示物质或热量之扩散程度的参数，分子与热分布于一定范围的自由度或"无序性程度"。

② 马赫（Ernst Waldfried Joseph Wenzel Mach，1838—1916年），奥地利哲学家、物理学家、科学史家。

③ 玻尔兹曼（Ludwig Boltzmann，1844—1906年），奥地利物理学家，在气动理论、热力学、统计物理学、电磁理论等方面有重大贡献。

④ 马克斯·普朗克（Max Karl Ernst Ludwig Planck，1858—1947年），德国物理学家，量子物理学的开创者、奠基人，1918年获诺贝尔物理学奖。

年）中，则将个别感觉性记忆的结合称作知觉，进而论及结合心灵节奏的方向并声称行动正是生命；在《创造的进化》（1907年）中，伯格森将物质当作贯穿"生命"的"流动性存在"，或称之为"宇宙生命能量"，强调那里发生的"生命跃动"正是世界创造性进化的原动力。伯格森的理论将能量还原主义与20世纪初荷兰德弗里斯①主倡的"生物进化突然变异说"熔于一炉，进而将世界进化归之于偶然性的哲学。

与之相关联，一种无论能否计量的、以能量说明生命现象的理论方法开始流行。最早的例证，是英国将自然科学方法用于美术批评的约翰·拉斯金②，他在理论哥特式建筑的《建筑七灯》（1849年）中，将"生命能量"作为美的本质，认为作品乃根据作者注入的"心（精神）之能量"而有尊卑之分。受叔本华"盲目的生命意志"（实为性欲）启示，西格蒙德·弗洛伊德③亦为例证之一，他构想了无意识底部的性欲能量（利比多④，1905年）。不过拉斯金和弗洛伊德，均未在超越生物的意义上探究"生命"。

而艺术家尤其是先锋派的诸多艺术家却在20世纪中，将其创作放在了根源性乃至普遍性的（是否果真超越了生物不得而知）"生命"表现理念中。此般理念发生逆转时，就变成了另外一种思维方式——乃将所有的艺术表现或所有的人类活

---

① 德弗里斯（Hugo Marie de vries，1848—1935年），荷兰植物学家，主张突然变异说，孟德尔遗传定律的重新发现者之一。

② 约翰·拉斯金（John Ruskin，1819—1900年），19世纪英国评论家、美术评论家，著有《近代画家论》等。

③ 西格蒙德·弗洛伊德（Freud Sigmund，1856—1939年），犹太人，奥地利精神病学家、心理学家、精神分析学派创始人。代表作是《梦的解析》（或《梦的释义》，1895年）。

④ 利比多（Libido），弗洛伊德认为性是人类一切思想、行为的原动力，性欲成为证明一个人魅力的最主要的表达与展现方式。他对大量精神病人观察后得出结论，每个人利比多力量之大小决定了其攻击力与防御力，二是童年经历对人的一生有至关重要的影响。一个人利比多不协调，且童年经历稀奇古怪，就可能产生精神分裂。

动，统统解读为根源性的"生命"之象征。为此痛感人类文化渐渐远离根源性"生命"且精神分析面临着诸分野（领域）分裂危机的恩斯特·卡西尔①，写出了一部挑战整体性统合的巨著《象征形式的哲学》（三卷，1923年、1925年、1929年）。

自然生命趋向宇宙生命

日本基于"生命"原理的思潮有着别具样态的诞生，在国际上形成了一个突出的高潮，展开的过程也尤为多彩。

作为先驱的可谓北村透谷的《内在生命论》（1893年）。文中将19世纪美国心灵主义之代表人物爱默生②的"宇宙大灵"③（精神）当作了"宇宙生命"，认为人类可在心灵深处感受到那种生命。透谷领导的《文学界》同人户川秋骨在透谷殁后说道，"人类或宇宙中的本质即在生命或活动"（《活动论》，1895年）。

又如，德富芦花《自然与人生》（1900年）中有一节题为"对话自然5分钟"，描写了黎明富士山朝霞浸染的景色。在20世纪的转换期，有志于开拓新散文的国木田独步和德富芦花，受法国印象派美术等的刺激，倾向于描写风景之时时刻刻的变化。芦花认为法国风景画家让·巴蒂斯特·卡米耶·柯罗④把握了"自然的真髓"，是致力于"传达生命自然"的画

---

① 恩斯特·卡西尔（Ernst Cassirer，1874—1945年），犹太人，德国哲学家、思想家，新康德派所属，以"知识现象学"为基础，展开了关乎象征体系文化的、庞大的哲学。

② 爱默生（Ralph Waldo Emerson，1803—1882年），美国思想家、哲学家、诗人。主张引入德国的观念论尤其是康德哲学的精神，倡导超越主义。主要著书有《自然论》、《代表性人物论》等。

③ 大灵，宇宙的自然法则——无差别于物的世界与灵的世界，乃全宇宙生命背后发生作用的创造性能量。

④ 让·巴蒂斯特·卡米耶·柯罗（Jean‑Baptiste‑Camille Corot，1796—1875年），法国写实主义、巴比松画派画家，19世纪法国美术界最出色的风景画家之一。

家。国木田独步曾劝其创作"自然的日记"。独步在他的《武藏野》（1901年）中瞩目了英国19世纪诗人威廉·华兹华斯①的如下诗句，"在静思冥想的极致，我产生了切实的感触，一呼一吸中微妙的万有生命"；又如"在我的感悟之中，——落日、大洋、清风、苍天，无不贯串着人心流动"。他们瞩目风景的变化，是为了感受变化背后流动的"生命"或表现某种融于一体的境界。

诸如此类并非源自古代的"写生"（生物模写）"真景（实景）"或"气"流之类观念，也不是描述作者理想的"写意"而体现为一种确立"情景"新观念的先驱性的努力——将实景与接受的印象乃至实感融为一体。随之，"情景"描写被看作自然或宇宙生命的象征性表现。《自然与人生》则成为小学高年级课本中的范文。德富芦花成为当时的人气作家，在欧洲战云密布的时期，他造访了圣地巴勒斯坦及俄罗斯的托尔斯泰，而后在东京世田谷过着晴耕雨读的生活。此期的随笔集《蚯蚓趣事》（1913年）中有如下一节描写：

> 优胜劣败乃天理。弱肉强食为自然。此乃宇宙生命的交换。（略）毕竟宇宙是环，生命共通。强者亦弱者，乃因强中有更强。弱者亦强者，乃因死者生生者死，胜者负负者胜，食者被食而被食者反为食者。般若心经，所谓不增不减不生不灭不垢不净，此乃宇宙本体也。

这里写的正是"宇宙生命"之本相，且将生物进化论与佛典经典叠加融为一体。无论哪种说法都是讲述某种"天理"的理论，却又存有例外。而以"色即是空、空即是色"广为人知的《般若心经》，原本是将一切现象念之为"空"的观

---

① 威廉·华兹华斯（William Wordsworth，1770—1850年），英国浪漫主义诗人。

想，"不增不减"并非指称某物的一定量。这里，不妨说另一"天理"——能量总量之一定的物理学绝对假说亦投下了它的身影。

生命主义美学

20世纪初叶，新登场的美学以"生命"取代了中国的传统思想"气"。冈仓天心在他的英文著述《东洋的理想——以日本美术为中心》（1903年）中，将道教的"气"标记为"Spirits"，换言之则是"宇宙无处不在生命原理"（the vital principle that pervaded the universe）或"宇宙生命"（world-life）之意义，冈仓认为那才是美的源泉。作为美的实现，指称者乃是雪舟所代表的足利时代山水画，称之为东洋的近代浪漫主义。就是说，中世已经出现了近代美术。

这便是黑格尔《美学讲义》（1835年，殁后编集、出版）中论及的、富于启示性的三段论——东洋的象征主义（在怪异中造型原始宗教象征的前艺术）、希腊的古典主义（均整或匀称的艺术）、近代浪漫主义乃至基督教艺术（崇奉精神性的超艺术之艺术）。而描述"气"之理念则是山水画的本质，位于精神性最高的第三阶段。

与冈仓天心一同致力于佛教美术发掘的是阿内斯特·费诺罗萨①，他在帝国大学讲授黑格尔哲学，到日本前就十分关心爱默生等人的心灵主义。

如此，在欧美思想的启示下，诞生了日本独自的生命主义美学——开始探究日本文化具有的普遍性且将那种探究放置于新的实践指针下。然而，那种探究毕竟局限于美学领域，无法对众多青年的烦闷做出应答。

---

① 阿内斯特·费诺罗萨（Ernest Francisco Fenollosa，1853—1908年），美国哲学家、美术研究家，1878年抵日，在东大讲授哲学，同时关注日本的美术研究，与冈仓天心共同创立东京美术学校，致力于日本绘画的复兴等。后任美国波士顿美术馆东洋部长。著述有《美术真说》、《东亚美术史纲》等。

向往生命之路

《白桦》杂志的创始者、引领知识青年崇尚新思潮的武者小路实笃，早先是内村鉴三和托尔斯泰的崇奉者，但基督教戒律和托尔斯泰晚年的禁欲主义，却纠缠不清地对立于肉欲，令武者小路苦恼不已。而对诗人木下杢太郎①面向公众的绘画论，武者小路实笃坚称艺术必定是为自我的（"论《为自我》及其他——《公众和予》读后致杢太郎君"，1912年），此时武者小路的立场，可谓之为"向往生命之路"。他说，"我们比耶稣、佛陀更明晓此生欲望之调和。我们早已不再把性欲想象为罪恶。"

真是自信满满。那么，是怎样的契机令实笃解脱了烦闷呢。在其小说《一个男人》（1923年）中，引用了他写给志贺直哉的一张明信片，说到当时读了木下尚江的《忏悔》（1906年）。当时，曾出现不少模仿托尔斯泰《忏悔》（1882年，日内瓦）的忏悔录——讲述作家独自宗教观的来龙去脉或记述自己的宗教经历。木下尚江的《忏悔》亦为其中之一。

木下尚江以基督教人道主义立场和《每日新闻》记者身份展开论争，且成为社会民主党的创立（1901年）成员之一。他提出当时最为过激的主张——"立即废止天皇制"。他也在日俄战争开战之际，与幸德秋水等力主非战论。然而因朴茨茅斯条约的签订，1905年9月5日日比谷公园召开的反媾和国民大会演化为暴徒骚乱，木下尚江因涉嫌参与了事件而脱离运动。而其《忏悔》中讲述的，却并非脱离运动的理由，而是他成为社会主义者的理由。

尚江借用了《新约圣经》中保罗宣讲耶稣复活时的说法

---

① 木下杢太郎（1885—1945年），原名太田正雄，日本近代诗人、剧作家、美术家，明治末年南蛮文学创始人，也是日本近代知识分子"和魂洋才"的典型代表。

"永远生命"，又借用海克尔十分著名的学说"个体发生乃系统发生之重复"，他置换了细菌至人类的一系列生命流程。他断言每一个人都是地面上"永远生命"之相互关联的一部分，传宗接代乃是神圣的营生。他说"'生殖'乃经线，'恋爱'乃纬线，获此自觉的'人恋'便是光"。他告白了自己成为社会主义者的理由——愤懑于神圣初恋的女孩儿卖身为娼。他要追究国家的责任。

托尔斯泰在《忏悔》中说"求神（上帝）若求生，神即生命"，但他却被俄国东正教视为异端。托尔斯泰又在其《人生论》（1887年）中称，"生物学诸说"仅只言说了俄国农民自得于自然的、"生命"的一小部分。他排斥科学。尚江则由生物进化论中剔除了生存斗争，仅将恋爱与生殖列为神圣的营生。为此，武者小路实笃必然确信——性爱并非羞耻的行为。

这种确信具有广泛性，并不局限于武者小路实笃一人，也不局限于《白桦》杂志。下面引用室生犀星诗歌《愉快的宇宙飨宴》（1918年）中的一节。

"出生/希望出生的人/期待良种的发芽/两性之歌和睦/田野、山脉、海滨或人家一隅/愉快的接吻声/憧憬生命的歌声/戒律，绝不在宇宙间留下耻辱。"

自然主义至象征主义

前面引用的实笃随笔中，有一节的标题为"耶稣逊于我们"。"我们"，指称惠特曼或法国雕刻家罗丹，乃至比利时剧作家梅特林克及诗人凡尔哈伦[①]等。实笃将他们称作拥有特殊能力的艺术家，如实地将根源性、普遍性的"生命"传达于人。实笃为何会有这样的见解呢！

---

① 凡尔哈伦（Emile Verhaeren，1855—1916年），用法语创作的比利时国民诗人。

第五章　宇宙大生命

时值20世纪转换期，挪威的易卜生、德国的豪普特曼①、法国的乔里·卡尔·于斯曼②等成名于"自然主义"的剧作家、小说家，受到自然深邃和生物本能的神秘（例如候鸟之令人惊异的飞行距离等）所吸引而转至了象征主义。这种现象被德国美学家伏尔盖特③批判性地论之为"后自然主义"（《美学上的时事问题》，1895年）。森鸥外将此论著翻译介绍到了日本，译名为《审美新说》（1900年）。

另一方面，与木下尚江的《忏悔》刊行于同年的岩野泡鸣的《神秘的半兽主义》（1906年）则在开篇将自己称作梅特林克"思想上的兄弟"，称"自然主义"进入深部必然进入"神秘"的境地之中。在这样的源流中，武者小路实笃感觉到前述艺术家的风格象征性地显现出宇宙、自然乃至"生命"的深度。此期，亦有人将梅特林克和伯格森的思想称之为"生命中心的思想"。

刹那的燃烧

岩野泡鸣作为象征主义诗人活跃于文坛，《神秘的半兽主义》刊出翌年，他与领导《早稻田文学》的岛村抱月打出了"新自然主义"的旗号，同时倡导"生命"的象征艺术论。"自然主义"给人的印象是性欲的剖露式描写，但这个趋势到1910年开始减速。岩野创作了以自身恋爱体验为题材的小说，其风格用他自己的话来说是所谓的"自然表象主义"。

那"神秘的半兽主义"是什么含义呢？此乃一个象征，即"半灵半兽"。象征精神性的前半身是透明的，而后半身则

---

① 豪普特曼（Gerhart Hauptmann，1862—1946年），德国剧作家、小说家、诗人，1912年获诺贝尔文学奖。
② 乔里·卡尔·于斯曼（Joris‐Karl Hhysmans，1848—1907年），法国19世纪末作家，曾为代表性的颓废派作家之一。
③ 伏尔盖特（Johannes Volkelt，1848—1930年），德国美学家，对移情说美学进行了最后的系统性理论总结。代表作有《美学体系》（1905—1914年）、《审美意识论》（1920年）。

是刚健、强壮的野兽姿形。总之，那是兼有灵性、肉欲的人类象征。泡鸣宣言道，"这神秘的灵兽主义便是生命。这个生命雷厉风行。"

他说世界现实的一切都是宇宙的"一大心灵"现象，"存在只是时时刻刻的变形"。生与死不过是其变形之一。他否定善恶的价值，乃至一切绝对者、超越者，包括世界的目的和自然的法则性。他也拒斥一切实体与概念，认为国家与社会制度统统不过是空壳。这些观念接近于尼采的理念，只是对于泡鸣，感情即是一切。"生命"的实质正是一个个瞬间之悲痛感觉的连续，在这种悲痛中，他说男性的忍耐恰恰是自我的充实。这便是岩野泡鸣的"刹那主义"。

其人生观厌弃所有的规范，而在刹那的生命燃烧中找寻至上的价值。基于这种观念，人格也是时时刻刻变化着的，真实的爱仅仅成立于刹那之间。岩野泡鸣三度结婚，一生坎坷。

女性解放的思想

在这种追求刹那间生命充实与燃烧的思想源流中，可觅见大正初年引领女性解放运动的平冢雷鸟①的思想。雷鸟期望实际感受神的存在而潜心坐禅。期望藉此感悟、体会以"生命"火焰为中心的人生观。

> 我是一切新生事物的同党。／不，我愿成为新生事物本身。／因为新生事物中常宿着生命之核。／生动活泼的真生命乃是新生、新生、生生无限的发展。／常与太阳共在的我日日新，我愿通过不断的更新，成为日新理念诸相永远流动的生命火焰。（《圆窗》扉页，1913年）

---

① 平冢雷鸟（1886—1971年），日本思想家、评论家、作家、女性主义者。战前、战后一直是日本女性解放运动或妇女运动的领导者，后致力于和平运动。

在这种"真生命"流动的观想中,雷鸟诗中呼唤出《大学》中的"日新、日日新"。

雷鸟的女性解放思想,受瑞典的女性思想家艾伦·凯(1849—1927年)诸多影响,告发了近代工业社会对于母性、儿童肉体的蛀蚀。艾伦·凯倡导解放根源性的生命力。

雷鸟创刊了《青鞜》杂志。1915年接手杂志编辑工作的伊藤野枝,不断提出引人注目的女性问题,如妇女的自立、贞操、堕胎、公娼制度等。她与20世纪初的女性运动领袖爱玛·戈尔德曼[①]思想上有共鸣之处。爱玛·戈尔德曼以纽约为据点,关注劳动问题和产儿限制,领导了早期无政府主义运动。

爱玛在其《妇女解放的悲剧》(1914年)中强调,女性的经济自立不过意味着沦为资本的奴隶,她还批判了艾伦·凯的恋爱至上主义——认为那是将女性封闭于家庭的母性主义。野枝的著述中也看不到"真生命"之类的观念词语。然而追求野性生命力的自由发挥乃是其一以贯之的立场。

相互扶助的思想

1910年大逆事件后,社会主义受到彻底的镇压,在之后的所谓"社会主义严冬时代",伊藤野枝的情侣大杉荣成为工厂罢工运动等的领导者。大杉荣接触了形形色色的进化论,而其思想基础的依据却在生物之本能,目标在于生命力之解放,他援用了伯格森的"创造性进化"及俄国无政府主义者克鲁泡特金主张的相互扶助论等,以生命的充实与燃烧为至上的价值。

[①] 爱玛·戈尔德曼(Emma Goldman,1869—1940年),生于立陶宛,后移居美国,是早期无政府主义运动的领袖和理论家,亦是早期女性主义的代表人物之一。

关于相互扶助，赫胥黎①在其晚年的讲演"进化与伦理"（1893年）中指出，昆虫和动物也有爱与恐惧，在其生存斗争中亦有着抑制作用，人类自当实践相互扶助之伦理。赫胥黎的天生对手斯宾塞也赞同"利他"思想。克鲁泡特金流亡伦敦时则想到栖身于西伯利亚严酷自然中的动物生态，撰写了《相互扶助论——进化的一个要因》（1902年）。此外，法国以《昆虫记》（1879—1910年）闻名于世的法布尔②则执迷于昆虫生态中的深奥与神秘，最终竟否定了达尔文的生存竞争说。梅特林克也在《蜜蜂的生活》（1901年）中指出，人类应学习蜜蜂的协作性。这些学说在当时的日本广为人知。

大杉荣还积极肯定法国作家罗曼·罗兰致力于民众劳动力再生产的活动，支持了民众演剧运动的展开且与文艺批评家本间久雄等展开了论争。此时，休闲的意义尚未获得社会认可。文部省的认可是在20世纪20年代。

大杉荣的思想，是在变革的斗争中追求生命之充实。它彻底地拒斥一切权力与制度。论及工农联合、推翻了查理（末代沙皇尼古拉二世）专制统治的俄国革命（1917年）乃至领导革命的布尔什维克党随之掌握国家权力，大杉荣很早就嗅出了权力主义的气息。

自由恋爱的思想

后来，厨川白村的《近代恋爱观》（1922年）卷首引用了英国诗人罗伯特·勃朗宁③诗歌《废墟之恋》（《男人与女人》，1855年）中的诗句"Love is beste（爱是至高无上的）"，

---

① 赫胥黎（Aldous Huxley，1884—1963年），英国小说家、剧作家、诗人，其兄及祖父皆为著名生物学家。

② 让-亨利·卡西米尔·法布尔（Jean-Henri Casimir Fabre，1823—1915年），法国昆虫学家、动物行为学家、作家。世人称之为"昆虫界的荷马或维吉尔"。

③ 罗伯特·勃朗宁（Robert Browning，1812—1889年），英国诗人、剧作家，主要作品有《戏剧抒情诗》、《环与书》、诗剧《巴拉塞尔士》。

且以艾伦·凯的"婚姻论"为理想——艾伦·凯关注的是自由个人的男女结合、藉以实现的各自的自我完成以及新的生命之生产。厨川白村自己的恋爱史观强调了希腊思想根底里的两个要素——灵肉一致与灵肉调和,基督教出现后进入了灵肉分裂的时代,19世纪后期又再度进入了灵肉一致的时代。他说,易卜生《玩偶之家》(1879年)中的娜拉拒为安闲的男性玩物,舍弃孩子离家出走;但今日的女性毋宁说是积极地面对恋爱,因而迎来了主体性建构自我家庭的时代。

他继而批判道,日本明治以后温和地保留了纳妾制度,一方面对性持排斥或蔑视的态度,另一方面日本的男女风纪又持续着其他文明国家无以比拟的紊乱状态。厨川白村的《近代恋爱观》可谓自由恋爱思想之大全,据说在中国青年中也有广泛的读者。

对于自由恋爱的思想,"男女七岁不同席"之儒学作用下的国民道德和强调阶级伦理的马克思主义皆持批判的态度。然而,对礼赞生命的思潮诉诸了揶揄讥讽的却是芥川龙之介晚年的反乌托邦小说《河童①》(1927年)——河童国的祭坛上祭祀着生命树,一味追求食欲和性欲的满足。自由恋爱的另外一个特点则是雌追雄。大正时期,以有岛五郎情死事件(1923年)为中心,觉醒于自由恋爱的女性们搅得世界躁动不安。女性的积极示爱,令芥川龙之介亦十分困扰。有人揣测这也是他服毒自杀(1927年)的原因之一。

二 宇宙大生命

《善的研究》

20世纪10年代前半期,不同于一味追求生命燃烧的世间

---

① 传说中动物,水陆两栖,形如幼儿,面似虎,尖嘴,身上有鳞,发似刘海,头顶有凹坑,坑里有水。

潮流，西田几多郎、和辻哲郎出版的新著构筑了大正生命主义的哲学基础。

西田几多郎《善的研究》（1911年）从根本上即由"天地人生真相"，回答解释了青年们"当如何度过人生"的困惑。西田几多郎也是一位知识青年，早就面对着同样的困惑。他遍访禅门，参禅开悟，执迷于哲学性思索。

论及近代的不幸，西田指出，首先在于知、情、意的失衡或知识与情意的分裂，他探究了人类整体性的回归之途。何为善，对人类而言，最高的善是为全人类而活着或以自己的行动实现人道主义。西田将这种善与人类合为一体或表现为合一。然而，他又说对人类而言，善的深部存在着更加深刻的欲求——宗教性欲求。那是一种与神一体化的欲求。当我们面对自我内面时，便与底部流动的"真生命"合而为一，此时便实现了人神一体化。西田以共通于宗教一般的逻辑，消弭了自我意识，即在无念无想中实现了降落精神深部的禅悟境界。

西田借用了德国观念论哲学开拓者费希特①《人生论》（1806年）中上帝为人类带来"真生命"的说法，借用了施莱尔马赫②"与上帝的一瞬合一"之说乃至《无量寿经》中意味着死后来生的"无生生"之说，重构、融合、论证了所有宗教共通的"死与再生"逻辑。然而《善的研究》之最大特色，在于身居哲学最前线且逻辑化地论证了人类爱与宗教心的普遍性。

西田的论证参照了威廉·詹姆斯③刊于美国哲学杂志的论文《纯粹经验的世界》（1904年），指出意识受到外界事物的

---

① 约翰·戈特利布·费希特（Johann Gottlied Fichte），德国哲学家、爱国主义者。

② 弗里德里希·施莱尔马赫（Friedrich Daniel Ernst Schleiermacher），德国神学家、哲学家。

③ 威廉·詹姆斯（William James，1842—1910年），美国本土第一位哲学家、心理学家，也是教育学家和实用主义哲学的先驱，美国机能主义心理学派的创始人之一，也是美国最早的实验心理学家之一。

制约。"现在，我在做什么？"此时自我意识是完全不发生作用的（直接经验、非反省意识），他将这种状态当作一切考察的出发点，强调人类爱与宗教心的底部，也有对象一体化的意识状态共通性。如此，自我与人类或自然与宇宙的合一便得以成立，因为这里想定了流贯一切的"真生命"。那正是西田所谓的"天地人生真相"。

此外直至西田刊行《善的研究》，他并不曾读过伯格森的《创造的进化》。于是，在其《基于自觉的直观与反省》（1917年）中，他将"真生命"称作"无限的大生命、大实在"。

而"场所"或"绝对矛盾的自我同一"等西田哲学的核心概念，离开了前述生命观也便无法言说。对于个体，生与死乃是绝对矛盾，但个体死亡却成为培育其他生命的养分。因此个体的生死决定了"大生命"的运行，此即"大生命"的循环往复（自我同一）。而此般个体的生死场所，要在"大生命"的"场所"（水准）中寻找，将个体生死绝对矛盾的相对化，正是西田"场所"式的辩证法。最后在西田晚年的《生命》（未完）中，他换了一个说法——简单地将"场所"改称为生物的"环境"。

《尼采研究》

出版了《善的研究》之后第三年，和辻哲郎出版了《尼采研究》（1913年）。此著成为和辻哲郎的哲学出发点，也是日本第一部真正的尼采研究专著。写作中他参考了德国"生命哲学"所属哲学家们的尼采论，写出了当时较高水准的尼采哲学论。论中涉及梅特林克等人指向生命深部的新理想主义、威廉·詹姆斯的"意识流"及伯格森《创造性进化》之类的先驱性研究。所谓"意识流"，乃意识之无间断流动之义，威廉·詹姆斯认为，撷取一个意识片段重新构成并不能得出意识的实际论证，他将前述意识流又称作"生命流"（《心理学原理》，1890年）。

这里简单介绍了和辻哲郎的哲学观。概念体系的构筑并非"真哲学"。一切皆为"宇宙生命"的产物，表现自我之"内在生命"即"直接的内在经验"（心或精神的律动），才是"真正哲学家"的工作。因为，那是开示世界根源或本源的努力。而和辻哲郎又说，"宇宙生命"是无法直接表现的，因此是"暗示性象征性的"。这种世界观和艺术观，正是大正生命主义之典型。有观点称和辻哲郎受东京帝大哲学系前辈阿部次郎《三四郎日记》（刊行于1914年）之类作品的触发与影响，进而确立了自己"真哲学"之形象。

当然，和辻哲郎也在尼采哲学中发现了"真正的哲学家"。尼采否定基督教上帝乃至一切观念、概念进而欲抵达生命现实之本身（想定的现实）。为此，和辻哲郎也主张世界的"生成流动说"，试图对不断变化的尼采哲学进行体系化的整理。和辻哲郎认为，尼采之永远回归的哲学并未完成，在论说"现在眼前的瞬间、永久的生命与个人生命合一"或"各瞬间的绝对价值"时，他发现了尼采哲学的神髓，"永远的现在"正是尼采哲学的顶点。所谓未完成，乃指称尼采将一切法则视为虚构，但最终却并未舍弃能量守恒之法则（《权力意志》未完），诸如此类。

尼采被称作"超人"，超脱"此时此境"的自我即受制于善恶等诸般观念的自我，达致任何凡人共同拥有的生命普遍性（《查拉图斯特拉如是说》，1885年；《善恶的彼岸》，1886年）。此乃面向自我根底（必然存在的普遍性的生命）的超越（内在超越）所必然达至的境地，此等境地中的"现在"并非特定的"现在"，而是栖于任何"现在"根底里的普遍性的"现在"——"永远的现在"，抵达这样的境界才是尼采的所谓"永远回归"。对尼采而言，保证某种恒久性，需要的是能量守恒法则。就是说，尼采并未主张"各个瞬间的绝对价值"，进而言之也并未想定所谓的"宇宙生命"。和辻哲郎是将詹姆斯、伯格森、岩野泡鸣或西田几多郎等人的哲学投影于尼采，进而解读了尼采哲学。

日本文化论

和辻哲郎想到哲学家尼采的一句描述，"目睹路旁的小草小花，我瞬间达致了一种境地，产生了与宇宙生命合一的感触。"这是一种"暗示性、象征性"的表现意义。

也许，和辻哲郎此时头脑里闪现出松尾芭蕉的一首俳句。"奇景山路观，洁莹温存蓝堇草。"芭蕉实际吟咏的是"瞬间合一于宇宙生命的感触或境地"。作为俳句诗人，一般评价为接受了欧洲象征诗发展特质的诗人（蒲原有明《春鸟集》序文，1905年），之后又被称作讴歌"宇宙生命"的象征诗人。

在岩波书店店主岩波茂雄张罗下开办了一个芭蕉研究会。会聚太田水穗主宰之和歌杂志《潮音》的年轻哲学家有安倍能成、小宫丰隆、阿部次郎、和辻哲郎等，加上早就发表过芭蕉论的幸田露伴。总之以座谈会形式，连续出版了三卷《芭蕉俳句研究》（1922年、1924年、1926年）。其中，太田水穗选入的是《芭蕉俳谐的根本问题》（1926年），乃以天台本觉思想的现象、本质论、《华严经》显著的世界"圆融"观或"一即多"的逻辑等，由佛教生命主义的角度论证了芭蕉的世界。

和辻哲郎在《尼采研究》初版"自序"的末尾记述道，我"相信真正的日本人血脉中存在着相通于尼采之处"。他说，尼采笔下希腊神话中的酒神狄奥尼索斯展现的是狂热、陶醉、趋向破灭的生命观（《悲剧大诞生》，1872年），而在"真正的日本人"那里则可发现，相通之处或脱离了一切观念、概念的生命感。

不久，和辻哲郎整理、出版了两部专著。其一是《风土》（1935年），探究了接受儒学、佛教影响之前的日本乃至日本的佛教雕刻等，将基于地理性比较的日本的精神构造特征称之为"激情与淡泊的谛念混合"；另一则是《续日本精神史研究》（1935年），指出在日本人的生命基层里存在神道与佛教的结合。

三 生命的表现

爱洛斯的叛乱

日俄战争后的知识分子心中充满倦怠,他们拼命想逃离这种倦怠,而在狂热的、追求生命燃烧的、冲动的旋涡中,颓废张开了大口。且看当时闻名遐迩的吉井勇的如下和歌——"色彩斑斓中,山盟海誓祇园寝,枕下流水声。"有评价称诗人以流丽的语调,吟咏了颓唐耽美、酒醉情痴的世界。

在同一和歌集的《祝酒歌》(1910年)中,亦可见到如下和歌。

伴子堕酒色,昏沉懵懂耽溺情,乐欲不出巷。
自暴亦自弃,投身游女酥胸前,此世全终结。

此乃沉溺于花街柳巷者对于自身堕落的黑色自嘲。正因如此,此类和歌才不得不一味地追求流丽。大正期流行的"私小说"常以迷恋年轻艺妓、疯狂情痴的中年男人为主人公。作品中,也会时时出现一些戏作式的自我嘲讽,吉井勇的《祝酒歌》即透彻展示了那样的精神姿态。

在自暴自弃中寻求爱洛斯的陶醉,这种倾向也感染了年轻一代。且看木下杢太郎的诗歌《春晨》(1911年)之节选。

中春晨/酸苦人生滋味/无以解脱的痛苦/随它去吧、卷起没用的幻影/卷毛烫发、比亚兹莱①、居斯塔夫·莫

---

① 比亚兹莱(Aubrey Vincent Beardsley,1872—1898年),英国插图画家、诗人、小说家,"世纪末"美术的代表性存在,被称作黑白铅笔画的鬼才,拥有恶魔般的敏锐。25岁因病英年早逝。

罗、我的祖国/鹤屋南北、喜多川/痛怜的美丽的妖艳的神/我向着海底祈愿……

真是一种"生命苦酸滋味"的倦怠感。凡庸之身，怎样求索也不得解脱。为了逃离那般苦痛，唯有追逐烧身般的凄艳之美。此时并存的，正是欧洲的世纪末绘画及江户时代后期迷魅民众的趣味取向。英国的比亚兹莱学习过日本的浮世绘版画，大胆运用变形的线描表现性爱；法国象征主义巨匠居斯塔夫·莫罗（1826—1898年）创作的则是包容了印度神秘的绚烂油画；四世鹤屋南北展示的是凄惨的杀戮、情艳场面或客观表意奇想联翩的歌舞伎；喜多川歌麿的创作则可谓之为后期肉感的浮世绘。

这种"酸楚的人生滋味"，可以说，正是北原白秋诗歌和谷崎润一郎小说之类，20世纪10年代至20年代开花期色情主义与恶魔主义美学的根源。

吟咏生命的诗人

1910年前后，"自然主义"被看作性欲的同义语而迅速失势，艺术家开始普遍具有新的艺术理念——将艺术看作"生命"的象征性表现。其中之一的斋藤茂吉，以其"生命"一语表象化的强劲风格，被誉之为短歌界巨星。1920年4月至翌年1月，和歌杂志《兰》连载了他的《短歌中的写生说》。

论及正冈子规提出的"写生"理念，斋藤茂吉说中国古代的所谓"生气、传神之义"或"传神写心"乃原义，亦为象征。他又在其"《短歌、写生》一家之言"中述及和辻哲郎的《偶像再兴》（1918年），引用了和辻的文章并断言罗丹的雕刻"包含着活跃于'自然'之中的生命"。又说"实相观入①，书写自然·自我一元生命。此即短歌之写生。"书写作

---

① 实相观入，斋藤茂吉自造语，即以心眼正确把握对象。

为自然实相的"生命",正是短歌之神髓。斋藤茂吉率直的断语广为人知。

中文"写生"一语的基本语义,乃是生物旁边实际模写(临摹)的练习(应物象形)。在风景画则是"真景"。山水画的目标,则是画中实现"气韵生动"之理念。为此画家将表现自己的心情或念想,称作"写意"。茂吉的言说亦有牵强之处。当时太田水穗就曾指出,茂吉也不得不承认那是他独自的说法。此外,正冈子规学习了西洋画写生且提倡"叙事文",他很少运用"写生"一语。实际上子规俳句、散文的座右铭,都是印象鲜明和趣向变化(多彩多样)。时常使用"写生"一语的是高浜虚子。

生命的表现

诗人北原白秋①为了对抗文部省"唱歌"②,主张纯粹、质朴的幼儿心灵关联于大自然的根源。他在这种理念的推动下倡导了"童谣运动"。他曾描述说,"诗人的慧眼通过敏锐的感觉,将万象生命或每一个体的真实本质直观如一。诗人倘无力在真实中直观生命的光焰,就不能算做是一个真正杰出的诗人"(《童谣私观》,1926年)。

1925年前后柳宗悦③始创民艺④运动,他目睹对立于近代工业生产的中世纪基尔特⑤匠人手工业及其中展现的劳动欢

---

① 北原白秋(1885—1942年),诗人、和歌诗人。创作了许多童谣,主张诗歌的创作要运用象征性或印象性手法,推崇新鲜的感觉和情绪,重要诗集有《邪宗门》《回忆》、重要歌集有《桐花》、童谣集有《蜻蜓的眼睛》等。

② 明治以后学制公布(1872年)的小学校唱歌课内容,1881—1884年文部省编辑出版的《小学校唱歌》全三册是《蝴蝶》《萤光》和《庭千草》等。1911—1914年又出版了《寻常小学校唱歌》。

③ 柳宗悦(1889—1961年),思想家、民族艺术运动的始创者。

④ 民众工艺,反映民族性和生活样式的、朴素实用的造型艺术。大正时代以后,柳宗悦率先兴起民艺运动,1936年在东京驹场设立日本民艺馆。

⑤ 中世纪西欧的行会或同业公会。

愉，赞同威廉·莫里斯①的日常生活艺术化主张，而将大地底层吹出的生命气息当作染上了乡土色调的无言的诗歌——民众生活的道具。

此外，关于芭蕉②俳谐③的新的评价关涉于小说世界。例如佐藤春夫④以《田园的忧郁》（1918年）吸引了众多文学青年，在其评论文章《"风流"论》（1924年）中，他说芭蕉的俳谐艺术表现了"全然合一于宇宙的、心身如一的深切感兴或彼时的刹那感觉"，芭蕉的艺术，意欲确立一种新的指针以超越巴尔扎克为代表的"近代小说"。近代小说体现的，是"对错综复杂的人类意志纠葛的凝视或在新的建构中发现意义"。显而易见，芭蕉的俳谐中可以找到一种反欧洲近代小说的新的欲求。体现这种动向的尚有志贺直哉⑤的小说《在城崎》（1917年）。《在城崎》以随笔形式反复吟咏关乎小动物之死的特异感怀，被称做书写东方式"生死如一"境界的"心境小说"。长期以来这里存在着种种严重的误解。在欧美和中国，"心境小说"被看作具有随笔风格的非小说样式"私小说"之一种，近来则被称作具有"日本独特风格的私小说"。

诗人荻原朔太郎首先察知并指出，法国、德国的"日本主义"⑥风潮中最为关心的正是日本的俳谐，它曾有力地推动了那里的现代主义诗歌运动，他说，芭蕉的俳谐及《新古今

---

① 威廉·莫里斯（William Morris, 1834—1896年），英国诗人、工艺美术运动领导人之一，英国早期社会主义运动发起人之一。

② 松尾芭蕉（1644—1694年），著名俳句诗人，俳号先为宗房，后有桃青，别号坐兴庵、泊船堂、芭蕉庵、风罗坊等。

③ 俳句（发句）、连句的总称，广义上指称包括俳文、俳论的俳文学整体。

④ 佐藤春夫（1892—1964年），小说家、诗人。作品具有散文诗风格。出版过中国译诗集《车尘集》。

⑤ 志贺直哉（1883—1971年），日本"私小说"代表作家。代表作尚有《和解》、《暗夜行路》等。

⑥ 指称19世纪欧美流行的日本情趣，据说日本浮世绘就对当时的印象派画家梵·高、莫奈发生过影响。

和歌集》才是名冠世界的象征主义艺术（"象征的本质"，1926年前后）。

生命主义的社会背景

贺川丰彦①以其基督教信徒的立场，致力于神户贫民街区的文教运动和消费者运动②——1920年出版的代表性的自传体小说《超越死境》大为畅销。作品纪实性描述了作家自我的思想历程以及阶级社会的诸般问题。贺川丰彦是与大杉荣齐名的劳工运动领袖，在其稍后刊出的论著《生命宗教与生命艺术》（1927年）中有如下一段论述："我的生命并非我的私产。我由生命内部窥见了正在上演的关于上帝的戏剧。"这里展现的正是上帝书写、上帝演出的大"生命"，它正是宗教的一个分支——艺术。因此，"人生即艺术即宗教"的说法是成立的。"生命"一语清晰地展现了贺川丰彦自身的世界观，他以"宇宙大生命"的说法置换了基督教上帝——这就是所谓的大正生命主义思潮。

在"生命"原理诸般思想性旋涡构成的社会背景下，一些事件给人以触目惊心的感觉。例如，足尾矿山流出的污水侵入渡良濑川流域一带，造成了严重的矿毒事件——毫无疑问，这正是近代资本对地域住民生命的威胁。更有甚之，日俄战争中使用的重兵器和机关枪，也使得战争中士兵的肉体成为巨大的牺牲。这些现象，正是日本受到的近代文明洗礼，既致力于资本的培育，又作为唯一的亚洲国家积极参与了西洋列强重新瓜分殖民地的战争。

日俄战争后，国家的政策是发展轻工业大工厂制和推进重化学工业化，此般政策使女性、男性劳动力剧烈的肉体消耗更

---

① 贺川丰彦（1888—1960年），社会运动家，近代日本代表性的基督信者之一。

② Settlement，一种社会事业——宗教人士或学生在都市的贫困地区设置居所、产房、托儿所等设施，帮助贫困居民提高生活质量。

加严重。随之而来的重税和资本主义经济的浸透，引致某种慢性化的演变——农村的农民离开了土地，外出打工却仍旧仰赖于肉体劳动。他们流落至城市的工厂地带，形成贫民窟且使阶级问题更趋尖锐。都市的膨胀和职场中机械设备的导入，则进一步折磨着民众的神经。人们的生存愈发受到种种危机的胁迫。生命的危机感愈演愈烈，为此出现了寻求生命之燃烧或解放的呼声。

世界战争的预感与欧洲大战（第一次世界大战）的爆发，使灵魂拯救与现实救济的意愿更加痛切，进而，促成了新的宗教时代的到来。例如，基于日莲主义立场的田中智学主持的国柱会，就曾试图废除施主制度而将佛教改变为新生的个人宗教；神道系统的新宗教大本教强化的则是变革社会的色彩，对知识阶级和军人亦有很大的影响力；天理教致力于贫民之救济，因而发展为更大的势力。

1918年日本全国各地爆发了"米骚动"，1920年普选运动高涨。同时期的另外一件大事则是大杉荣的遇难和随之发生的大罢工——官营的八幡钢铁厂炼钢炉因此而熄火。1921年神户的两家造船厂也发生了大罢工，其中一次的领导者正是前述贺川丰彦。

生命主义称谓

莫里斯·梅特林克①的思想及亨利·伯格森②的哲学等，

---

① 莫里斯·梅特林克（Maurice Polydore Marie Bernard Maeterlinck，1862—1949年），比利时剧作家、诗人，受法国象征主义影响，代表作有《青鸟》、《蜜蜂的生活》等，1911年荣获诺贝尔文学奖。
② 亨利·伯格森（Henri Bergson，1859—1941年），20世纪法国代表性哲学家，基于法国传统的唯心主义存在论，以神秘主义颠覆了进化论，进而确立了实证主义的形而上学。他以内在的持续和直观为存在论和认识论原理，由生动和质变的观点出发理论自由、上帝和伦理，提出了新的宇宙学说，在艺术和文学领域引起很大反响。1927年荣获诺贝尔文学奖。主要著作有《时间与自由意志》、《物质与记忆》（1896年）、《创造进化论》（1907年）、《道德与宗教的两个起源》（1932年）等。

皆以"生命"为中心考察世界。在这种欧洲思潮的绍介期,"生命中心的思想"、"生命派"或"人生派"之类称谓时时散见,但每一种称谓的传播未必广泛。在日本首先使用"生命主义"一语的是在京都帝国大学讲授哲学的田边元,在其论作《文化概念》(《改造》杂志、1922年10月号)中介绍了新康德派哲学家亨里希·李凯尔特①的《生命哲学》(1921年)。论及叔本华、尼采、豪普特曼等人"生命哲学"的部分源流或法国的伯格森及美国的实用主义源流时,亨里希·李凯尔特将之称作"生物学主义"(Biologismus)——即以人之生物生命为根本,亨里希·李凯尔特批判说,生物本身并不生成文化性价值。田边元将之译为"生命主义",即承认"一种支配现代思想的基调,此基调存在一种重视生命之创造活动的倾向",作为"生命主义立场上的文化意义",他强调"作为自然一个成员的人类"具有精神、物质两个方面,而生活内容的丰富和心身欲求的自由发挥,才是"文化"构成的基础。

大正时期形形色色的"生命"理论开花结果,许多基于"生命"原理的思想在思考"生命"时也超越了生物的范畴。未必仅只一条通路,仅以人类的生物生命为根本。这种理论也许尚在商榷阶段,田边元却认为,所谓"生命主义"乃属一种尊重精神文化价值的"文化主义"地盘。他还强调说,那种由社会不公正中谋求解放的斗争状态,必须依合法的理性克服之。想必此时他所想到的,正是大杉荣等人的社会运动。

生命气息终焉

大正民主主义的实质,是工人、佃农为生存权而进行斗争,且在此基础上实行普选与政党政治。但以1923年9月1

---

① 亨里希·李凯尔特(Rickert Heinrich,1863—1936年),德国哲学家,新康德学派和西南德国学派的代表。代表性论著有《认识的对象》(1892年)和《自然科学概念构成的界限》(1896—1902年)等。

日关东大地震为分界,大正民主主义浪潮急速地消退下去。在流言飞语的蛊惑下,自警团①残杀了约六千朝鲜人和中国人。为稳定动荡的时局,内阁于翌日即9月2日至11月中旬,颁布了东京周边戒严令。暗地里,陆军和警察却大开杀戒,9月4日在龟户杀害了十位战斗工人,9月16日杀害了无政府主义者大杉荣、伊藤野枝夫妇。

财界此时的论调是"天谴论"——"大震灾乃是天罚,惩罚了近年来沉迷于奢侈、放纵及危险思想的国民"。11月10日,天皇颁布了"振兴国民精神诏书",呼吁发扬质实刚健的国民精神。对学生也开始了"思想善导",旨在取缔社会主义与风纪紊乱。

大众经历了第一次世界大战后的利好景气,感受了之后的经济萧条波浪,震灾则使他们产生了世事无常之感。大众心中郁积着晦暗、怠惰或苦涩之感。与北原白秋一同活跃于童谣或民谣运动的野口雨情,在其《船头小调》中做了生动的反映。

　　我是川原枯萎的芒草/没错你也是枯萎的芒草/没法子我俩于这世界/正是不会开花的枯萎芒草。

四　民族的生命

都市大众文化开幕

震灾打击了东京资本,而以关西资本为主体的《每日》、《朝日》两大报刊却强化了全国的新闻报纸业。同时迎来的是文字性新闻媒体时代,开始进入周期式的大量生产→大量宣传→大量消费时代,号称"全国读者三百万"的"円本"(一日元一册、装订豪华、大量铅字充斥的丛书)和大众杂志一度走红,随后进入了收音机普及的时代。19世纪10年代至20

---

①　非常时期出于自卫组织的民间警备团体。

年代，产业结构发生了重大转换，此外经济萧条加速了资本的集中、寡头化和产业机械化。1930年，重化学工业的产值超过了轻工业产值。商社职员和从事服务性产业的薪金生活者增加，从而形成了新的中间阶层。

面对新闻、广播中的报道，面对大量出现的廉价商品，无论什么职业什么身份，都不过是同样的消费者。在都市的繁华市街，人人皆是素昧平生的路人，所有人都品味到一种身居人群的孤独感。夜晚的繁华市街，闪烁着五光十色的霓虹灯，人们聚集一处寻求瞬间的欢乐，表面上看，奢华的大众文化显现出开花期的景观。此般光景以帝都复兴为契机，亦影响到了地方都市。作为其象征的，正是摩登女郎。

打字员、电话接线员、百货商店的店员、咖啡馆侍女等，工作女性令都市异彩缤纷。喜好运动的摩登女郎们引人注目，在都市过着独身生活，蓄短发着短袖西式套裙招摇过市。剪去长长黑发则被称作"毛断"，成了摩登女郎代名词。她们抨击裸露肌肤、自由运动的男性专利意识，摈弃了传统"女人味"的贤淑气质而张扬所谓的情色主义。人们背后将她们诋毁为"阴阳人"，否则便无法形容她们富于野性的、技巧性的妖冶魅力。

另一方面，在关东大地震罹灾者救援活动中，人们认识到避孕的必要性及人口问题解决和女性身体保护的重要性，妇女杂志刊登了许多介绍性文章。此运动由美国的玛格丽特·桑格①发起于1914年，1922年她来日本受到官宪压制，后演化为社会问题才发生了急遽的变化。作为当时颇具影响力的国际舆论，有人反对人为地限制生命的生产，有人则将放浪无忌的恋爱视为禁忌。桑格是虔诚的清教徒，主张遵守

---

① 玛格丽特·桑格（Margaret Higgins Sanger，1879—1966年），美国节育运动活动家，主张优生学。其优生学主张没有太多的支持者，但在节育的推广方面功不可没。

一夫一妻制。如今看来，她的思想有些滑稽，她利用当时生理学的一个学说，主张与多数男性交往的女性血液受到污染将无法生出健康后代。其优生思想之根本是减少生产才能养育出优秀的后代。在这种思想的影响下，法国等国开始实行少生少育的政策。

色情、怪诞和意义缺失

20世纪20年代出现偏好描写犯罪企图的侦探小说作家，日益走红的代表性作家是江户川乱步，其《赤屋》（1925年）中的主人公是个不断犯罪的人物，他不断设计出逃脱法律的、安全的犯罪方式。他这样描述了自己的动机——"因为我这样的人已彻底厌倦了人生"。

对大正期知识青年影响颇大的情色主义或怪诞、颓废的美学，在关东大地震后也获得了大众之青睐。根植于倦怠的好奇心，不断地寻求强烈的刺激。大众杂志亦充斥了官能性陶醉的追求和爱洛斯的叛乱。追求奇思异想的"猎奇"一语频频出现在杂志、报刊中，且不断出现性犯罪的题材。色情、怪诞一度流行。另一方面，意义的缺失或否定也成为流行。最初还被称作幽默或哀愁之喜好——即表面给人以滑稽之感，实际上残留着淡淡的苦涩，渐渐地却成为自暴自弃，或一瞬之间忘却世间的万般忧虑，或玩世不恭地嘲弄整个世界。卓别林和巴斯特·基顿夸张的滑稽剧备受欢迎。时代小说（历史小说）和娱乐性时代剧电影，也在摩登舞步的节奏中显现出意义的缺失。欧美杂志的酒会笑谈频出译作，报刊上也充溢了轻笑话。

江户川乱步迎合了这样的大众嗜好，多描写强烈刺激性的色情与怪诞。短篇小说《芋虫》（1929年）描写妻子给日俄战争中失去了双手的丈夫以性的慰藉，还以施虐、受虐或啖以人肉为素材。江户川乱步此类作品的极致，还有以杀人无数的盲人为主人公的长篇小说《盲兽》（1932年），他杀人的目的在于取乐——收集各种各样取自女人身体的、触感美妙的部位。不妨说，在这部作品中，怪异笑谈也是江户川乱步谋求的效果，当成为道具单纯地谋求他者快乐时，身体便象征性地展示了生命丧失的整体意义。

然而到了1937年，日中正式开战，兴起了"促生增生运动"，产儿限制运动受到镇压。同时下令关闭了各类舞厅，摩登风俗偃旗息鼓。1939年，当局认为江户川乱步的《芋虫》具有反战倾向，下达了删改处分（令其再版删除不良内容，1938年开始实施），江户川乱步决意绝笔。

马克思主义的兴起

昭和初年的另一特征是非法的日本共产党领导下的"无产阶级文化运动"之高涨，及相关言论的广泛传播。

称作科学社会主义的马克思主义宣传道，1917年的俄国革命证明了社会主义的历史必然性。知识阶级趋于没落的"宿命"思想弥漫于世。但另一观念又推翻了前述观念，认为知识阶级认识了历史必然性便可合流于社会主义运动。

在日本，福本和夫创立了包括知识分子在内的强力政党，强调必须致力于劳动者的阶级意识觉醒。福本一个时期掌握着共产党的实权。他在与失去了大杉荣的无政府主义者进行斗争的过程中，强化、扩大了共产党的势力。然而国际共产主义运动司令部第三国际1927年发表的日本革命运动指针，却将福本的共产党运动称作工人运动的分裂。他们主张的是废除君主制之类的民主主义革命，此外提出了支援中国等民族主义独立运动的方针。

官宪开始大量检举、抓捕活动家，共产运动面临着彻底被封杀的命运。知识分子想在合法的活动中谋求活路，旨在实现社会主义的言论，在一个时期内具有席卷传播媒体之势。为此，礼赞"生命"的思潮趋于衰微。

但在引领俄国革命走向成功的、列宁的《唯物论与经验论》（1909年）中，他推出了自己新的理论，他批判恩斯特·马赫①的感觉主义即人类认识或世界观成立于受到外界刺激的感觉或心理性感觉，主张生命体的生成在于根源性物质的自身运动，而其最高阶段正是人类意识的出现。这是基于根源性物质生产物——人类头脑的基本认识循环论。然而，恩斯特关心海克尔的学说，对蛋白质也十分感兴趣。苏联的生物学致力于释明产生于无机质的、生命的生成机制，奥巴林②等在发生学方面成果彪炳。

生命观万花筒

论及科学，在1920年至1930年之间，潜心创作的宫泽贤治创作了一些诗歌与童话，其创作与主流传媒近乎无缘，却卓尔不群地涉及博物学的广泛知识与观察。不过，其创作更多与佛教思想编织在一起，展开泛生命一般的幻象，进而创造出多彩的生命观和千变万化的世界。说到底，贤治文学具有独自的倾向性。

贤治童话多表现生物间的争吵。在最初的《蜘蛛、蛞蝓、狸》中，表现的即为"朝向地狱的马拉松竞争"，残酷的生存竞争乃为作品的主题。《夜鹰之星》中的夜鹰，无奈地生存在飞虫——夜鹰——鹰这种固定系列的生存斗争关系中，且将此当作了一种原罪，它只有在那般痛苦之中，寻求"自力"更生的解脱——升天。这里发生作用的，乃是来自天台宗的"自力"观念和法华灭罪观。在其《银河铁道之夜》中，蝎子被鼬鼠追杀而掉到了水井里。与之形成对照的，则是向神的祈祷和星空闪烁。"何不果鼬鼠之腹，而为了整个儿生物做奉献？"在《菜食信者庆典》中，亦可窥见剥夺其他动物生命乃

---

① 恩斯特·马赫（Ernst Waldfried Joseph Wenzel Mach，1838—1916年），奥地利哲学家、物理学家、科学史家。

② 奥巴林（Aleksandr Ivanovi ch Opaarrin，1894—1980年），苏联生物化学家，化学进化论的倡导者。

为禁戒的佛教思想。但是，也有观点认为，生物的阶层秩序是难以动摇的，如泛灵论的转生观。某童话手稿讲述了这样一个故事，一少年虐待青蛙而不知那是自己死去妹妹之转生，晚上妹妹即托梦于少年——"为何那样残虐我？"

又如，在宫泽贤治的童话《古斯柯布多力传说》中写道，假如可利用海流发电或实现天候的制控，即可实现人类的欲望；又写到火山局认定，天空降落的氮肥又称硝铵，是对土壤没有损害的无机肥料。这部作品的展开像似科幻小说，表现了靠科学技术征服自然的梦想。而古斯柯布多力却为了"众生的幸福"自愿献出自己的生命。

大正生命主义孕育的是相互扶助和顺应自然的思想，宫泽贤治的世界表面上却没有此等意味。显然，生存斗争的原理和冰冻灾害之类的严酷自然在他的头脑里根深蒂固。在他的世界中贯穿着一种特殊的伦理观——主张包容于软幽默之中的万象之爱、孤独乃至崇高的为整体牺牲自我。

永恒的生命

关东大地震后，川端康成、横光利一等"新感觉派"作家致力于开拓新的小说表现。关于此，川端康成在其1925年刊出的《新近作家的新倾向解说》中强调，万物纳于主观带来"新的喜悦"，相反，主观流入万物亦是"新的救赎"，他说"主客如一主义"乃为当今新进作家的表现态度。此般理念，亦对应于斋藤茂吉《短歌写生说》中的所谓"自然·自我一元写生说"。川端的盟友横光利一心照不宣，他在1925年《新感觉》一文中强调，在与对象融为一体的感觉中融入新的知识或理性成分，这样创作的作品才能说具有了"新感觉"之意义。横光要在生命主义的艺术表现论中实现新的展开。川端亦与之配合呼应。

不妨说，之后刊出的短篇小说《抒情歌》（1932年），展示了川端康成不断寻求的"新的救赎"。作品中的年轻女人面对抛弃了自己的男人死灵这样说道：

"释迦为解脱轮回羁绊，涅槃不退转，说法众生，而轮回转生之魂灵仍处在迷惘、哀怨之境界。我坚信在这个世界上，没有任何梦幻故事能够编织出轮回转生之说那般丰富的梦想。相信它是人类创作的最美妙的爱的抒情诗。"

"在印度，自往昔的佛经时代就有这般信仰，原本即为东方之心。希腊神话中也有明朗的青春物语，如以浮士德之格蕾辛的牢狱之歌为代表，在西方，转生于动物、植物的相关传说数不胜数。"

我们不能简单地认定，追求此般"永恒灵魂"的心灵属于宗教性观念，而艺术则存于爱心之中。女人说自己遍历了古今西东的转生传说，感觉往日恋人之死突然阻断了灵魂与天地万物的交感。还说反复阅读了古今西东的转生传说后，自己由悲伤中重新站立起来，"在广大天地万物中重新找回了爱心"。因为她开始认识到，"物质的基础与物质的力是不灭的"。那么，"为何认定灵魂之力必将毁灭呢？灵魂一语，不过是流淌于天地万物中一种能量——力的形容词罢了。"

人类同伴间奇异的交感，常常被比喻为音叉①的共鸣现象。同样，这里的原子不灭说和能量守恒法则，亦被当作了"论证"灵魂永恒的依据；人道主义也在这里悄然被判罪。女人说——"我在独尊人类生命的执著之风习中，感受到人类的孤寂。"

也许，这部作品只是在当时的"无产阶级文学"全盛期，悄悄预言了能量的复活——"流淌于天地万物间的力"的复活，同时，隐约间飘浮着死的气息。

历史的转换点

1929年，美国因生产过剩陷入了经济危机，除苏联以外，

---

① 音叉（tuning fork）是呈"Y"形的钢质或铝合金发声器，各种音叉可因其质量和叉臂长短、粗细不同而在振动时发出不同频率的纯音。

国际经济出现了大恐慌。日本也受到波及,1930年至1932年间陷入了前所未有的经济危机(昭和恐慌)中。这种状况,为历史的转换点准备了条件。之前主要主张社会主义革命的日本共产党,1932年接受共产国际的指示,提出了打倒天皇制、实现民主主义革命的主张,对此,官宪予以了彻底的镇压。突然的转换方针,令日本的社会主义运动发生了动摇,共产党领导层土崩瓦解,纷纷转向,运动遭到了毁灭性的破坏。

1932年发生了"五·一五"事件①。指挥别动队的橘孝三郎针对马克思主义强调的社会机构问题,针对马克思主义的工人主体性,提出其新的主张——亚洲以农村为基础的东洋文明之复权(《日本爱国革新之本义》,1932年)。其企图是实现基于亚洲主义的农本主义革命。

他引用泰戈尔《生的实现》之开篇语句——精神"包含于自然浩大的生命且孕育于大自然中"。泰戈尔是印度诗人,独立运动斗士,1913年作为东洋人首次获得了诺贝尔文学奖,其根植于本源性生命的思想讴歌——《生的实现》,曾受到极大关注并被翻译为多种文字。不妨说,这也是生命主义再度抬头之预兆。

大正时期,有论点将松尾芭蕉的俳谐称作日本的象征主义艺术。其实此源流涉及更广范围及至禅宗影响下泛化的、中世整体性的审美意识,而所谓的学院派美学或"文艺学"之类源流,则将"闲寂、孤寂"或"幽玄"专论为"日本式美学"的核心。

伴神之路

1935年前后,军部指导部被称作"皇道派",鼓吹"昭和

---

① 1932年(昭和七年)5月15日,以大日本帝国海军青年将校为中心发生的叛乱事件,全副武装的海军青年将校闯入首相官邸,刺杀了当时护宪运动的领袖犬养毅首相。

维新",且在青年将校间凝聚了人气。他们当作理论支柱的,是东京帝国大学宪法学教授筧克彦的论著——《皇国精神讲话》(1930年)。此著目录中,便屡次三番地出现"宇宙大生命"字样。其基础乃在明治天皇殁后筧克彦所著《古神道大义》(1912年)。

开篇写道,"无万人亦无天皇",同时称,"无天皇则全体日本人民亦无存在之可能。众多日本人的生命皆为天皇所赐予。"所谓"古神道",乃是自古以来构成了"日本民族日本国家之一心同体"的"生命宗教",乃生活之根本规范或国家的根本宗教;所谓宪法和教育敕语,正是以此精神为制度确立的规范。这与"神道非宗教"的帝国宪法精神似乎是相抵触的,但又似乎是超越宗教的宗教。

将宗教看作民族宗教的理念展现于新渡户稻造的《武士道》。同样,筧克彦也参照施莱尔马赫[①]的宗教论,认为宗教的本质是归依绝对者的感情,而作为保障的则是精神共同体。筧克彦正是在"归一"于天皇的日本民族精神中解读出了前述意义。将天皇表述为日本神话众神之"象征",也是借用了施莱尔马赫的理论——将耶稣看作神人之"表征"。这种"日本民族的普遍性理想",同时便被当作了"世界性的普遍性理想"。

不久在《续古神道大义》(1915年)中又出现了新的命题——"古神道中的神之观念乃是唯一绝对之大生命及其表现者"。这里竟变换为"宇宙大生命"、"世界大生命"之类论调。就是说,这般大生命贯穿于日本民族的"生命"中。本居宣长和平田笃胤说过,将神或万物的产出或生成能力神格化便引出了"产灵"之概念,但无论宣长还是笃胤,皆没有生

---

① 施莱尔马赫(Friedrich Ernst Daniel Schleiermacher, 1768—1834年),德国神学家、哲学家。重要著作有《神学通论》(1811年)和《基督教信仰》(1821—1822年)等。

命贯穿万物之认识。此正是大正生命主义的神道版。

在这里，笕克彦力倡"古神道"之本性乃在于"宽容"与"和平主义"。只要不是敌对，即可称之为包容。他说实际上，在那般日本化的过程中并未排斥儒教和佛教，也没有排斥基督教。总之，笕克彦认为"古神道"具有同化一切宗教的力量。

当时流行的如上观点，几乎无人相信。在"天皇机关说"根深蒂固的知识阶层，根本就采取了无视的态度。然而，笕克彦毕竟深得大正天皇之贞明皇后的信任，从1921年开始至1926年11月，不时替代病弱的天皇去给摄政的皇太子裕仁进讲（授课）。为此，内务省神社局出资刊行了《伴神之道》（1926年）。翌月在昭和天皇的即位诏敕中亦出现"伴神之道"的说法。

20世纪20年代在神社谋事的相关者，乘势利用已被赋予普遍宗教意义的国家神道，不论"内地"（日本本土）还是"外地"（1930年前后开始使用的殖民地代名词）都开始大肆建造神社或举办神社活动。此外至30年代，在笕克彦《皇国精神讲话》的触发下，也开始宣扬日本精神的普遍性。形形色色的神道思想得以复兴。

《大义》

1935年，国会掀起了国体明征运动①，否定"天皇机关说"，而令"天皇主权说"占据了正统公认的地位。1936年便发生了"二·二六"事件②。当时的时代背景是农村疲敝。此

---

① 20世纪30年代军部和右翼发起的攻击天皇机关说的运动。美浓部达吉的天皇机关说，在明治宪法中原本居于正统解释位置。但30年代右翼抬头，开始攻击国家机关中的自由主义势力。美浓部达吉是他们首先攻击的对象。

② 1926年2月26日黎明时分，以皇道派青年军官率领的近卫步兵第三联队为中心的1500名日本军人，袭击了首相官邸等枢要部门，杀害内大臣斋藤实、教育总监渡边锭太郎和大藏大臣高桥是清，重伤了天皇侍从长铃木贯太郎，之后占据永田町一带四天之久。

般青年将校、农本主义者或国家社会主义者遥相呼应的一系列日本式的法西斯主义革命运动，统统遭到了镇压。相反以军事独裁为手段、意图改造国家的"新统制派"控制了军部，甚至也渗透到内阁之中。1937年6月成立的第一次近卫文麿内阁，对7月发生于北京郊外的卢沟桥事变（日本说是与中国政府军发生的"小摩擦"），采取了悬而不决的态度，从而促使了陆军的大陆出兵。国内的气氛，顿时进入了战时状态。8月，内阁会议便决定了《国民精神总动员纲要》。

1937年9月，杉本五郎中佐战死于中国战场。12月，即以《大义》之题名出版了他的遗书。全卷的中心思想即"神国的伟大理想"，不断强调"绝忠"即对天皇的绝对忠诚。第一章"天皇"的开篇这样写道——"天皇乃天照大御神之同一神，是宇宙最高的唯一神，是统治宇宙的最高神"。而"为天皇去死，乃是日本人道德完成之途径"。在第四章的"神国大理想"中则指出——"救济人类乃历代天皇之愿——肇笔之大业。释迦、基督、孔子、苏格拉底皆为天皇之赤子"。又说"拯救世界，使之臣属于天皇国，实乃皇国之一大使命"。这真是盲目狂信的天皇崇拜思想。这里可以看到战败后被联合国军称作"极端民族主义"的军国主义之精髓。

尤其"释迦、基督、孔子、苏格拉底皆为天皇赤子"一说简直痴人说梦。必须指出，这实际上只是筧克彦思想的翻译——体现"世界性普遍理想"即"宇宙大生命者"正是天皇。筧克彦想定了超越基督教绝对超越神（上帝）的"宇宙大生命"。理由在于，万物皆要成为其具现者"天皇"的"赤子"。

杉本五郎被尊为"军神"，"神国日本"的文字开始跃动于各类媒体。皇道派信奉的筧克彦的思想，在中日战争不断激化的道路上，就这样变成了军部主流派的思想。在中国战场，将校和士兵们也留下了遥拜皇宫的影像记录。

在对英美的战争阴云密布、处处笼罩着死亡气息时，杉本五郎的《大义》也强烈吸引着纯真的中学生，将他们培育成极端纯粹的皇国少年。城山三郎的长篇小说《大义末日》（1959年）就对之进行了精到的描述。

散华①思想

战后，人们总是谈论对英美战争最终阶段的特攻队精神，关乎于此的散华思想，其实发生于中日战争正酣时期的民间。

1934年，时值释迦诞生两千五百年，一度出现了佛教热。或许，那般现象仅仅局限于日本。作为小说家、佛教活动家的冈本加奈子，在面向一般读者的讲演录《佛教读本》中这样说道：

> 人类生命，也是宇宙生命膨胀之大生命的一个分派。宇宙大生命不断地进步发展。显现于那般流动上的一个气泡儿，便是我们每一个人的个体生命。（略）宇宙大生命的一部分，变成了人类生命且现身于这个世界，在它归返了原本的大生命时，并非消亡而只是发生了变化而已。大生命的总量永远是等量的。

她继而说道，不久人们还将从"宇宙大生命"返回到这个现世。轮回转生乃是与天上生命间的往复变化，这里并未出现作为佛教根本的"空"、"无"或"解脱"与"地狱"。冈本加奈子真正的佛教解说书《综合佛教圣典讲话》（1934年）毕竟采取了不同的写法，但仍以独自的倾向性，讲述了当时作为大乘佛教根本精神的"宇宙大生命"。

实际上亦有人自称为"大乘式生命主义"。此人便是仓田百三，其戏曲作品是极为畅销的《出家及其弟子》（1917年），乃以亲鸾和苦于恋爱的弟子为题材。面对自暴自弃身

---

① 原为佛教供佛散花之意，转义为"战死"。

处虚无主义状态中或失却了现实生活意义的大众，仓田自1933年前后开始倡导"民族的觉醒"，他在一些讲演会之类的场合对农村的青年们强调说，他主张施行天皇制下的农本主义革命，否定近代工业文明催生的人类的自我排斥，主张以农业为主的自给自足生活才是适合于人类的生存道路，为在全社会平等的基础上实现理想，他主张应在尊敬天皇的意念中整合社会。

1938年，仓田在《新日本的未来图景》中主张"基于大乘式理解的、绝对性的生命价值"。大乘佛教的所谓"生命"，超越了爱憎、明暗、天使恶魔、和平与战争之类相对性价值却又包容了前述一切，体现为绝对性、超越性的价值。同年年末，他又发表了《日本主义文化宣言》。

"日本国体世界无比。无论在品味性、纯洁性、血液的协同性乃至献誓性①上，都断然超乎万邦。国民信仰者是众神的直系后裔，在位于民族血统中心的天皇统治下一系纯血不乱，国土亦未受过外族凌辱。（略）为了国家的独立、名誉、使命，舍弃生命战斗的国民即士兵，呼唤着天皇的御名赴死。"

原本体现佛之庄严的散花——"散华"，在这样的社会氛围中转义为天皇面前的生命奉献。

国民优生法

第一次近卫内阁于1938年4月制定了《国家总动员法》，在电力国有化、战时统制经济和票据制的配给制度等方面推行了国家社会主义路线，即政府为了积极舒缓国内矛盾而施行了社会主义政策。一度高举反法西斯主义大旗、汇聚了诸多期待的社会大众党（安部矶雄任委员长）则被淹没于这个浪潮中。

---

① 仓田百三文中用语，日语中亦不常用，意为"国民血誓为国献身"，或可理解为"忠君报国"。

在这种动态之下创设了厚生省①。"厚生"一语来自于《书经》（大禹谟）中的"正德，利用，厚生，惟和"。

彼时增设了收容麻风病（Hansen's disease 汉森氏病）患者的设施，也制作了为患者带来光明希望的电影。1940 年 5 月公布了《国民优生法》，主要作用于恶性遗传病患者的"优生"手术和健康者产儿限制之预防。当时，"优生"手术一般被称作"断种"。众所周知，原本的语义乃是"断绝劣等人种"，是纳粹针对犹太民族的种族政策。

优生学产生于 19 世纪后期的英国，乃运用统计学演算出头盖骨形态之类的形质性特征，以数值显示其优劣，从而找到人种差别的"科学性根据"。进入 20 世纪后，创生优秀国民的优生运动首先盛行于欧美，20 世纪 10 年代在日本也成为公认的学问。日本国内始有种种无根据的俗论泛滥，如认定受歧视的部落民具有特殊的遗传形质等。然而依照欧洲的标准，东洋人皆属劣等种族，因而当时的优生政策并没有采取针对异民族的排外主义。相反，在韩国并合②（1910 年）中提出了"日鲜同祖"论，在被掠为领土的中国台湾及朝鲜半岛，当地人可获得日本国籍。政府也在"韩国并合"以后，在朝鲜半岛强制推行旨在补充兵员的男性劳动力补充政策。这种现象与实际上存在的社会性差别，乃是不同层面上的问题。

总之，厚生省是战时体制下必不可少的机关，它将以往很少曝光的"少数民族"和受到歧视的病患者、弱者等，统统打捞为"帝国"一员，且放置于相应的位置上。其外围团体，还曾进行了差别（受歧视）部落的调查。

在中日战争陷入泥沼的 1938 年 11 月，第一次近卫内阁转

---

① 增进社会福祉、社会保障、公众卫生的中央行政机关，下设人口问题研究所、国立医院、国立卫生实验所等诸多附属机构。2001 年设立厚生劳动省而废止了厚生省。

② 20 世纪初日本企图统治朝鲜，在 1904 年以后逐次掌握韩国的内政和外交权，最终签订韩国并合条约而占领韩国。

变了以往战略，由过去的"防共"转换为重视日、华、满"互助关联"的"东亚新秩序建设"。此乃"满洲国"施行的"民族协和"政策的扩大版。在行政层面，亦开始推行在日朝鲜人的地方议会候补政策。

在"满洲国"则施行了如下方式。略微避开国际舆论的谴责，为实现少数日本人的实际统治，将溥仪拥为摄政（后为伪满皇帝），配中国人以政府要职，日本人把握的则是中枢部门，背后是日本关东军听政。新政口号，美其名曰"民族协和"。所谓"国语"，是中国语、日本语并酌情参入蒙古语，通用语则是日语和汉语。在当时的"满洲国"，对回族、通古斯①系各民族、流亡的俄罗斯人和犹太人等少数民族施行保护，也发行了各种语言的报纸。表面上看，那是如今的所谓多文化主义。实际上，社会主义和反满、反日活动遭到彻底的镇压。

东亚新秩序建设的声明，好歹统一了日本的对外战略。而此前的做法可谓矛盾重重。一会儿想在东亚扩大势力，一会儿又要致力于亚洲解放包括支援中国的革命，一会儿又要考虑适应国际的情势变化。此时在中国台湾和朝鲜半岛，为了建立总力战体制，在创氏改名②和公务机关等方面开始禁止使用母语，这样推行皇民化的政策，使被统治民族产生了屈辱感。此外，在日本国内的麻风病收容设施中也出现了无知的歧视性行为或语言无以形容的严重事态，包括政策上的反复无常和管理现场的极端暴戾。

所谓"东亚新秩序"，在第二次近卫文麿内阁时期即1940年8月，扩大为"大东亚共荣圈"（松冈洋右外相声明），而厚生省为将健康的士兵和国民变为战争"资源"，也在"大东

---

① 中国东北部少数民族总称。包括汉以后的鲜卑族，唐以后的靺鞨、契丹族，宋代的女真族和满洲族等。

② 日本为了加强殖民地统治，强迫朝鲜人改名为日本式姓名的政策，作为皇民化政策之一环公布于1939年，实施于1940年。

亚战争"正酣的1943年迈向了"健民运动"。

历史的生命

在1940年设置的神祇院编《神社本义》,有如下这般描述。——"侍奉代代天皇,发挥忠孝美德,形成君民一致、无与伦比的一大家族国家,无穷无尽的国家生命生生不息发展。此乃吾之国体之精华。"而伴随着"神国日本",各类媒体上频频跳出"国家生命"、"民族生命"等词语。

同年刊行的西田几多郎的《日本文化问题》(1940年),则以"生生发展"为关键词,论证了日本的"历史使命"。他论证道,将世界根源性的"生命"链接于历史则为"历史的生命",日本的天皇乃至皇室正是具体的表征,这里包含了日本文化的独自性。西田的理论与筧克彦的理论近似。不过西田同时主张,天皇是推动历史的主体或超越权力的存在,仰慕天皇的日本切忌陷入"霸道"或"帝国主义"。

"最大禁忌在于日本的主体化。那不过是皇道的霸道化,或为皇道的帝国主义化。"依此观点,日本在中国的权力行使便是玷污皇室的行为。这是1938年以来反战、厌战言论遭到彻底取缔后出现的和平主义天皇制论。但西田几多郎的理论却完全无视了如下重要的史实——皇统曾经降伏异鬼先住民,壬申之乱(672年)以后至南北朝争乱期间又屡次挑起内乱,明治天皇则在甲午战争、日俄战争中两度颁发了开战诏敕。然而,西田几多郎却无忌历史之伪造,先将天皇与权力分割开来,再在这个基础上试图否定日本在他国的权力滥用。西田几多郎直至最晚年的论著《国体》(1944年),都没有改变这个立场。

超越近代

受西田哲学影响的京都学派四位青年才俊是高坂正显、西谷启治、高山若男和铃木成高,对英美战争开战前直至1943

年，他们在综合杂志《中央公论》举行了三次座谈会（《世界史的立场与日本》、1943年刊）。在对英美开战后的第二次座谈会上（1942年4月），他们毫无忌讳地宣称"大东亚战争"是反对西洋帝国主义世界霸权的战争，同时宣告了"亚洲的觉醒"，乃强调亚洲之世界史地位的、"超越近代"的战争，他们讴歌了"创造"这场战争的日本的"生命力"，将这场战争称作"皇战"或"圣战"。

所谓"超越近代"，指称的是超越被看作近代文明先驱的、面对第一次世界大战时危机状况的欧洲。德国文化哲学家斯本格勒①假定，不是以国家而是以文化圈为单位考察生命体，可将生命体的荣枯盛衰看作"世界史的形态学"。藉此假说完成的论著《西欧的没落》（1918—1922年），出版后引起巨大反响。其主张在于两个志向，超越近代国民国家而确立欧洲共同体的志向及每一个人都应"成为欧洲人"的志向。然后，法国作家罗曼·罗兰、德国作家赫尔曼·黑塞等，开始了超越欧洲共同体、探究东洋神秘的旅程。

《中央公论》的座谈会频频引用《西欧的没落》，仿佛正是日本代表的东洋兴隆之证明。此外，整体搬用了德国历史学家利奥波德·冯·兰克②作为历史推动力的"道德、能量"学说，将之翻译、援用为"道德性生命力"，进而将"大东亚战争"理论为"道义的战争"。他们明确反对帝国主义、纳粹主义、法西斯主义和共产主义，强调自己的主张是基于多元主义的"大东亚共荣圈"。更加具体地说，他们是把日本放在父亲的位置，进而描绘了一个家庭的未来幻象。在开战诏敕中即有

---

① 斯本格勒（Oswald Arnold Gottfried Spengler，1880—1936年），德国文化哲学家、历史学家。代表性论著是《西欧的没落》。他强烈批判欧洲中心史观和文明观，其影响以及至哲学、历史学、文化学、艺术等多个方面。

② 利奥波德·冯·兰克（Leopold von Ranke，1795—1886年），19世纪德国最重要的实证主义历史学家。不仅在德国，对英国、美国的历史学也曾有过很大的影响。

"八紘一宇"①之说——世界一家或天下一家。但事实上，不过是家族国家论的亚洲翻版。

总之根据事后的解释，他们在形形色色捷报频传的战局背景下，描绘了一幅虚假的图景——仿佛日本的"历史性生命"是要打倒欧洲帝国主义，向着解放亚洲的理想迈进，他们忘记了在日英同盟的条件下，在亚洲日本是唯一走上帝国主义道路的国家，中日战争也是"大东亚战争"之准备。

灭私奉公

佛教学者西谷启一乃前述四人之一，1942年是在文艺评论家河上彻太郎的邀约下，参加了同人杂志《文学界》举办的"超越近代"座谈会。在其理论中"国家生命"乃为关键词，他披露的是个人之于国家的"灭私奉公"哲学，是将消灭自我意识、与对象合为一体的"无主体性立场"或"无我无心"一体化于"国家生命"的理论（见"《超越近代》私论"、单行本《超越近代》，1943年）。

关于实现理想，"灭私奉公"，亦有不同的理论。黑格尔的《法哲学》（1821年）即论证说，超越利己主义而持普遍性立场的每一个人，努力使自己与国家共同体保持一致，进而达成体现普遍性的国家之实现。这是一种特殊的国家论——将国家类比为生物种群，使所有个体生命同化于国家或民族生命且在种群的固有性质上体现生命的普遍性。这一时期，田边元展开的"种群逻辑"理论便与黑格尔的理论如出一辙。

此外，亦有人鼓吹"灭私奉公之科学"。任职于东京帝国大学医科大学的桥田邦彦，论证了20世纪前半叶欧洲尤其是德国一度盛行的生命整体论——生命不单包括细胞之类部分，也是个体整体性意义上的一个发现。他以"全机性"概念解

---

① 出自《日本书纪》卷三神武天皇一条中的"掩八紘而为宇"，大意为天下一家。转义用作第二次世界大战大东亚共荣圈建设的标语之一。

说了前述理论。同时任何实践同于禅"行"。科学的实证性研究理应沉潜于对象而秉持"无主体性"立场，桥田主张的是超越西洋客观主义基础上的自然科学——"日本式的科学"。他曾就任第二次近卫文麿内阁文部大臣，其主张成为内阁推行的"科学振兴"的理论支柱，呼吁"科学生活化"理想的实现。基于"无主体性"的实践论具有桥田自身理论之特征，即简单化地反复论说科学家国家及要求国民的"灭私奉公"。1942年夏，日本在中途岛海战中战败；1943年2月由瓜达尔卡纳尔岛撤退。当战争已呈败局时，前述"灭私奉公"竟渐渐成为异口同声地狂喊。

战败后，东条英机内阁中的许多人都被指控为A级战犯，文部大臣桥田邦彦名列其中。然未及传唤，他便服毒自杀了。引咎自责。

第六章　如何定义生命的尊严
　　——战后的生命观

一　钻出死亡的季节

从零出发

　　"也许，活下去并不是什么特别困难的事情。""既然大家都这样活着，自己又何尝不能呢？""不论战败还是亡国，能活下去是确切无误的。"前述引用自武田泰淳《蝮蛇的后裔》（1947年）中主人公开篇的自言自语。总之人们改变了战败、亡国就必须赴死的观念，找回了活着的真实感觉。这样一个在上海迎来了战败的日本人，首先选择的工作便是代他人将话语变成文字。这是一个彷徨于外地（日本以外的国家或地区）的日本人自我形象的寓言。他失去了自己的母语即自己肉身以外的一切根据。他在一个所谓的生存零点重新起步。其第一步便是必须找个女人建立关系。他走出的每一步都受到这种人为建立的关系网制约，他回到了日本。

　　当然，在"内地"（日本本土）也同样充溢着战败之后的虚脱感。当人们从美军登陆的紧张感中解放出来时，在那般战火的废墟或旋涡中，交错着虚脱与生存的欲望。坂口安吾率先在其《堕落论》（1946年）中描述了那般世态。他说："人活着，人堕落。除此之外，并无一条人类拯救的便利捷径。"曾经怀着为国家献出生命的坚定信念奔赴战场的人们回国之后，或者成了黑市商贩，或在战争寡妇心中催生新的爱情萌芽。诸如此般，皆属自然，因为是人，才无可非议。战争期间，自由受到极度限制的人们粗暴地舍弃了伦理，认为全副身心地活着正是从零出发的第一步。

在太宰治的小说《维扬之妻》（1947年）中，受侵犯的妻子对着背负盗贼污名的丈夫喊道——"丧失了人格又怎么样？我们只要活着就好了。"

梅崎春生则以描写战争末期极限状况下特殊心理的《樱岛》（1946年），一跃而为战后派代表作家。在其以战场为舞台的《落日》（1947年）中，主人公预想着部队的全军覆没，又在叮问自己为何还要留在部队。作品中这样描写："存在的只是活命或被杀的冷酷事实。没有善恶。唯有一个真实。便是内心深处的一个希求或呼喊——我要活下去！为自己活下去才是唯一的真实。除此而外的行动都不过是感伤罢了。"

在其同年作品《蚬子》（1947年）中写到战败后满员列车踏板上的一个男人被甩下了车，乘客们不是同情不是担忧而是哄笑不止。其中一个男人说，"日本人的幸福总量是有极限的。一个人幸福了，就有人相应地遭遇不幸。（略）俺们都是生物罢了，活着便是最高的幸福，除此而外的一切念想都是感伤。"

以战败为界，一边是极限状况中的战场，一边则是有人坠落乘客哄笑的满员列车。迥然相异的现实舞台与状况。然而，男人们谈话的意识落点却是一致的。既然是生物，生存便是头等大事。于是乎，相关于善恶正邪亦即价值观的一切，便都成了莫名其妙的感伤。

从负数出发

那么战败之后，人们反复述及生存零点。毫无疑问，这是对战时愚昧的"散华思想"或"灭私奉公"思想的控诉。战时，总将死亡赞美为"民族生命"的合一或一体化。然而，武田泰淳和坂口安吾展示的是作为人类生存的立足之地；太宰治和梅崎春生作品中人物主张的是无差别的、对于人类个体生命的尊重。他们与战时的生命态度大相径庭。

为体现之于一己生命的重视，须多大程度舍弃"他者感念"呢。对于他者的同情、对于祖国的热爱及人类之爱……那么多人死去了，自己苟存于世，良心受责。说道零点出发，但有太多的人留下了残酷的肉体或心灵伤痕。太宰治《维扬之妻》中的呼唤，不妨说旨在忘却心灵的伤痕。

众多年轻的知识分子未能防止日本走上侵略战争的道路，许多同龄者死于非命，而他们却曾协力于总力战体制，对于自己经历的那般过去悔恨不已。他们被称作"战中派"，悔恨之余，毋宁说他们的重新出发点应为负数。

1946年元旦，昭和天皇宣告了自己的神格否定。尽管那是在联合国军占领之下，对日本国民而言，同样等同于诏敕（日本国宪法的公布乃是同年的11月3日）。在这个诏敕中，也涉及了明治天皇的《五箇条御誓文》。昭和天皇的诏敕是谓"人间宣言"，同时也发出了一个信号——重新站回明治的起点或重新构建日本的民主主义。

联合国军最高司令官道格拉斯·麦克阿瑟一直盯着苏联的动向，欲将日本苦心培育为自由主义世界的一员。在总司令部（GHQ）就职的美国人，充满激情地要实现和平或"自由、平等"的理想世界。他们与日本政府建立了协力合作的关系，陆续施行了和平宪法制定、农地解放、女性解放、劳动改革、财阀解体等一系列民主主义制度改革。以麦克阿瑟为首脑的占领军，多数人将战前的日本看作或彻底描绘为"落后国家"。在他们的印象中，美国是物资丰富的国家。与之相对应，日本的印象则是在拍摄战火废墟的新闻影片旁，赫然打上"无科学国家的末日"字幕。

受到原子弹轰炸的日本国民，与其说在此感受到的是战胜国的傲慢，毋宁说是确切无误的现实冲击。实际上，战败后的日本经济状态，与发展中国家处于同等水平。因而，当时日本的目标乃是实现美国式的民主主义并追赶美国式的生活水准。

为此，日本确定了重整旗鼓的方向——近代化的重新起步。

战时状态的翻转

人们的愿望是——此番定要建成真正的民主主义国家，日本人也须从根本上改变摇尾乞怜于权力的坏形象。人们普遍的思维方式发生了急遽的转变，开始认为战前天皇制反映的是一种对自身行动不负责任的精神风尚，体现的是所谓"无责任体制"或村落社会之残存。而今，每一个人都应做自己的主人，应致力于主体性的建设。相互关联的则是其反面，认为发动了战争的日本人原本缺乏近代性和主体性。于是陷入一种翻转性状态或粗泛的否定态度，对当时"超越近代"的思想等，并未做出深入探究便简单地归之于"反动"。其实"超越近代"之理念包含了两个方面，最初是要超越威胁到人类生存的近代化之负面弊端，然后才是打倒西洋帝国主义。

战后，近代科学的崇拜癖再度抬头。那么便出现了一个疑问，为何生物进化论没有作为科学在日本扎下根。作为一个例证（如第四章第二节所述），即达尔文主义在欧洲、美国那里具有广泛的科学根基。在美国，20世纪20年代基督教原理主义再度兴盛。美国的独立宣言即鼓吹"创造说"。那么，与脱离教会发展至今的欧洲（当然基于道德的思想基础是一致的）便形成了对照，美国成年人支持创造说者超过50%，包括上帝智慧设计进化的观念信奉者，则有近90%的人支持创造说。另一方面，科学博物馆则担当了达尔文主义启蒙重任。

一种将自然与社会的法则混同视之的根本性错误反复呈现。此时主张科学社会主义的马克思主义受到欢迎。的确，卡尔·马克思是一位伟大的思想家。不过其理论的大前提于英国的世界统治。他对亚洲的情况知之甚少。其世界危机论在后日获得了不断验证，但即便发生了世界性经济危机，各国却因本国具体情况的不同，并没有发生马克思预言的世界革命。例如苏联就躲过了1930年的世界危机，战时体制下的日本和德国也躲过了1937年的世界危机，相反国家社会主义的有效性却获得了世界认定。然而，战后的日本人却将这些史实连同令人忌讳的过去统统忘却了。

对于生命的敬畏

论及战后日本的生命观，不可忽略的是1952年获得诺贝尔和平奖的德国医生阿尔贝·施韦泽①。施韦泽半生奉献于非洲的医疗事业。在获奖后的答谢讲演中他呼吁世界的和平，面对原子力给世界带来的危机，他强调应以人类理性妥为处置。这个信息即刻传遍了唯一的原子爆炸受害国日本。

施韦泽是一位德国牧师的儿子，后在接近于德国边境的法国史卓斯堡②大学神学系长期从事耶稣传记之类的研究。其后半生奉献于人类生命的救援，在法属刚果（现为加蓬共和国）兰巴雷奈③从事医疗事业，第二次世界大战期间亦在当地历尽苦难。作为管风琴音乐的制作家、演奏家，施韦泽亦属一流，他曾在欧洲各地举办管风琴演奏会以募集资金。他被誉为当代最重要的伟人，日本的儿童们也从这样一位终身奉献于非洲贫困腹地的伟人身上，体会到人类之爱的具体形式。然而，他的思想其实超越了人类之爱。

他在自传《我的生涯和思想》（1931年）中记述道，1915年9月某日黄昏，站在兰巴雷奈逆流而上的小蒸汽船拖船甲板上……我突然产生了一个意识，"敬畏生命"的理念正

---

① 阿尔贝·施韦泽（Albert Schweitzer，1875—1965年），德裔法国人，被誉为20世纪人道精神划时代的伟人、著名学者及人道主义者。施韦泽兼具哲学、医学、神学、音乐四种不同领域的才华，于1953年10月31日获诺贝尔和平奖。其主要著述有《康德的宗教哲学》（1899年）、《耶稣的救世与受难秘密——耶稣生平素描》（1901年）、《巴赫论》（1905年法文版；1908年德文版）、《文明的哲学：文化的没落与再建＆文化与伦理》（1923年）和《非洲杂记》（1938年）等。

② 史卓斯堡（Strabourg），法国东北部位于莱茵河左岸的城市。

③ 非洲中西部、加蓬西部城市，人口据2002年估算，约19400人。

是统一世界、人生之肯定与善的理念。对于所有他者的"生命意志",应像对待自己的"生命意志"一样表现"敬畏"。而以往的伦理仅贯穿于人类世界,自然是有失偏颇的。他说,"人类的伦理仅在于一种认识,即植物、动物、人类乃至所有生命作为生命都是神圣的,对于苦难煎熬中的生命,唯有扶助和献身。"

接触过蛮荒地区当地住民密林生活中的必要信仰后——在基督教文明国家称之为原始宗教,才会获得前述认识。而由人类世界基本性的生命意义和善的本质出发,相关思想被称作"根本性的思想",诸如希腊的斯多葛哲学或中国的老子,皆主张与自然的同一化与融合。他们拒绝精密解释世界的哲学而主张生命存乎世界的肯定中或整体生命的一体化。人类存在的现实是,抹杀生命乃为人类生存的前提。他们则强调说,人类必须对抹杀的生命承担责任。这里意指的,是对于野生物种的保护。此般生命观讲述的是自身的"伦理性神秘主义",在第三次世界大战来袭的危机和基督教越发趋向现世主义或理性主义的危机中,世界仿佛正在一步步走向末日。这种实感令施韦泽获得了"敬畏生命"的"启示"。

形形色色的不同旅程

施韦泽那般"敬畏生命"的观念,在战败后的日本毋宁说水乳交融地渗透到日本那种"感激生命"的普遍观念中。施韦泽年轻时代,在巴黎曾与罗曼·罗兰交往甚密。他当然知道罗曼·罗兰信奉托尔斯泰"神即生命"的理念。施韦泽信奉的则是"整体生命的一体化"。遗憾的是,还没人将他的理念与武者小路实笃的思想或西田几多郎之《善的研究》等结合起来进行探究。为超越威胁生命的近代文明弊害,理应祈愿魂灵或现世救济,理应重新审视东洋传统思想的价值并重新思考超越生物的"自然生命"或"宇宙生命"等。而一种正在蔓延的思想风潮却简单化地将之统统当作非科学性观念予以清除。

此外尚有另外一种喃喃细语。在施韦泽荣获诺贝尔和平奖的1952年，诗人金子光晴在其诗集《人类悲剧》的序文中有过如下记述。"我，我的手指，我的指甲，果真是我的手指和指甲么？我必须获得证据。"这也是一种意在重新出发的思想，但连自己的肉体都无法确认——这果真是我的肉体吗？那种强求人们将自我生命统统奉献予国家的季节已然结束。相反，迎来的则是自我生命绝对化的时代。在这样的反差中，必然产生那般时代性疑惑——自己的肉体真的还属于自己么？存在主义起因于上帝遗弃的存在感觉或理念。战后那个时期，存在主义在这个没有上帝的国度流行，也是起因于一切观念皆不可信的时代氛围。

人们并不满足于单纯地活着，开始了一而再再而三的、自我实现或自我探寻之旅。福永武彦以艺术与日本风土性为中心的长篇小说《风土》（1952年），即以战时、战后为背景，描写了跨越几代的人物爱情、绝望与孤独。小说结尾，那位将疼爱女儿当作全部人生价值的女人，留下了这样的喃喃细语："可是，活着，本来是该为自己活着。我现在就要为自己活着。那才是真实的生存方式。过去，我并不知道自己为什么活着，却仍然活到了今天。我不知道什么是苦什么是悲，否则，我一定生活得更加幸福。"

战后的大正生命主义

在"宇宙大生命"观念的另一面是"真生命"或"根源性生命"，这些说法或概念与政治思想有一定的距离，乃是通过性的表现与战后发生了关联。

真命是极致，美妙胴体吾妹子，望乎欲眼穿。
如梭的一世，生命焰迫在眼前，吾妹呀吾妹。
迫焰在眼前，自暴自弃五体震，走神堕地狱。

第六章　如何定义生命的尊严

这是第二次世界大战正酣时的1944年8月，和歌诗人吉野秀雄结识爱妻时创作的、题为《彼岸》的十三首连作中的三首。诗中涉及"肉体"、"吾妻"和"压迫忘我的走神"。

此连作在战败之后收入歌集（和歌诗集）《寒集》（1945年），备受瞩目。战后十分活跃的评论家山本健吉广泛涉及古典诗歌及现代小说。他特意选出如上三首诗歌，做出了如下评论。他说："这样的歌作绝无仅有，那般严肃地描写男欢女爱，骨子里泛出朦胧之美却全无刻意美化之虞。在那般生命合体的瞬间，亦无丝毫享乐性要素表现。仅在某种向往根源性生命的欲求中，在堪谓极致的爱怜之情促发下，展现为生命力充溢的一个行为。因此，可以说吉野连作乃是极致性的严肃诗作。"吉野秀雄的诗作将"真命"连接于"根源性生命"，这里包含的生命意义尤为重要，而山本健吉则确切把握了这层含义。

此外，第二次世界大战后，文艺批评家濑沼茂树指出，在诸如白桦派的思想中也包含着"生命思想"。他还探究了夏目漱石、森鸥外等明治期作家创作中的"近代自我"思想，以及近代自我与"封建家庭"之间的纠葛，而那般"自我"遭到了"生命思想"的破坏，另一方面则在出现工人阶级自我表现的构图中，濑沼茂树构想了日本的近代文学史（《近代日本文学的成立》，1951年）。然而，战后文艺批评的主流却是以近代的重新起步战略为基础，进而展开明治期以来以"近代自我"和"自然主义"为基准的批评。因此，战后的日本批评未能认真回顾濑沼所谓的"生命思想"。如今具备了新的条件，理应重新探究"近代天皇制"、"近代自我"、"封建家族"和"自然主义"之类概念的真切内涵，进而实现包含了古典评价变迁的、日本文艺或文化史的彻底重构。"生命思想"的到达点亦如本著所示，其实已远远超越了濑沼茂树当时涉及的关注点。

而在以马克思主义为主流的哲学界，船山信一的《大正哲学史研究》（1965年）等，则是瞩目于20世纪10年代伯格森哲学流行的研究。于是，产生于20世纪初的生命中心思想超越了伯格森，显现为一种思想的变容——中日战争期间"民族生命"的一体化。

二　生命主义的重生

高度经济增长

战后民主主义的顶点或可看作是1960年反安保斗争的高涨。围绕日美安全保障条约的改订，日本增加了强化自卫队的义务，焦点在于建立"相互防卫"的军事同盟。对此，工人、文化人和市民掀起了反对运动。尤其是，国会强行立案被看作对于"民主主义的挑战"，社会舆论沸腾。在包围国会的示威游行中，全学联与警队发生了冲突而造成东京大学学生桦美智子死亡。新安保条约自然获得了承认，而引致岸信介首相辞职。岸信介早年领导了"满洲国"5年计划，推进了战时经济，战后两度组阁（1957—1960年），讴歌"日美新时代"，且使日本走上了挺进亚洲经济和高度经济增长的轨道，他是战后保守政治路线的固守者。

继后出现的池田勇人内阁，转而以国内外政治安定为课题。政府改变了与日教组①对立的姿态且以如下方式维护社会的稳定——发表《所得倍增计划》，加快高度经济成长步伐。更以终身雇佣制和退休制业已定型的大企业为中心，确立了新的公司运营方式——依照在公司服务的年功序列加薪，年终奖金和退休金也获得保证。另外，住房贷款也变成了现实的可能，拥有自家房屋的公司职员大幅增加，"中产阶级"意识的

---

① 日本教职员工会，日本最大的教员工会联合体，成立于1947年6月8日。

形成和"有屋主义"成为普遍的现象。

都市郊外开始出现二代家族,在充实的家庭生活中追求幸福的倾向原本形成于20世纪10年代后半期的商社职员中,20世纪60年代迅速扩散至各个产业的劳动者,除了"自家房屋"又增加了"自家车"和"私人余暇或娱乐",在大众社会化现象大规模复活的同时,酿成了"一亿国民的总中产者意识"。人们开始特别关心私人所有的充实,而对"公有"领域的关心却出现了淡化的倾向。这与欧美先进国家伴随着大众社会化出现的所谓个人主义亦有很大的差异。毋宁说日本的情况是一种私人所有平均化发展的结果,首先是从事流通产业的新中产阶层的扩大,然后是体力劳动者收入的增加,农村也在农业保护政策和新建道路之类征地交易中大获实惠。古典的阶级意识崩溃了,企业工会介入劳资协调,不同产业的劳工运动基础趋于瓦解。为此,战后民主主义的意识基础乃至作为支撑的生活权益斗争,皆渐渐地趋于后退。

传统的创造

冈本太郎①年轻时代即参加了欧洲的前卫美术运动,第二次世界大战后也是异常活跃的国际性的艺术家。在相关于他的评价或他自己的自我评价中,不断出现"强烈的生命力迸发"、"生命的整体性回复"或"民众生命力"之类表现,这里的核心概念正是"生命"。在他的观念中,"神秘生命"的显现是为目标。而这种显现无限地接近于宗教。他又觉得,"生命"的本质在于激烈、紧张地拥抱矛盾对立的两个极端,这里体现着生命感觉的充实。

冈本太郎的父亲是漫画家冈本一平,母亲是作家鹿子。他

---

① 冈本太郎(1911—1996年),日本艺术家,主要从事抽象绘画和超现实主义绘画,留下大量平面·立体作品,且积极参与文笔活动。

们随太郎一起到了两战间隔期的法国。他在马塞尔·莫斯①的课上听课。莫斯的著名论著——《赠与论》（1925年）由"交换"的概念论及野蛮社会的全般事象。在介入超现实主义艺术活动之后，他开始关心"人类的深层心理"，由无神论立场转入了精神革命之企望，组织了秘密结社，甚至参与了热衷于瑜伽修炼的、乔治·巴塔耶②的相关活动。冈本太郎天马行空或彻底开放的发言，其实来自于心或精神的锻炼。

他在收录于《日本的传统》（角川书店1964年版）一著中的"传统论之新的展开"一节有如下论述。"'传统'、'传统'，人们抓住这个词语就如获至宝，实际上这个词语本身不过是明治后半期的一个新造词语，英语'tradition'一词的翻译。（略）恰如传统一词乃明治时代的新造语词，其内容也是明治官僚的急急拼凑，旨在对抗压倒式的西欧化。"

因此他说"日本主义也是以不自然的扭曲，构建了阴性、晦滞的背阴式的文化。"所谓"阴性、晦滞的背阴式的文化"，指称的是禅宗"闲寂"、"空寂"或"幽玄"代表的中世美学或茶汤文化等。

在欧洲的近代国民国家形成期，以往以拉丁语为共通语的知识分子文化被颠覆，为确立独自的国民文化，各国分别重构了自己的民族文化历史——如以各国语言重写的"文学史"等等。相应地，在使用自古以来代表某类信仰或习惯的"传统"一词时则添加了"文化传统"之用法。正如冈本太郎所言，日本是为对抗欧洲的各国文化，才将原本分别展开于各地、各阶层的文化统合为国民文化，因而成为一种编织的历史，乃将原本具有血脉或古习俗等诸多含义的"传统"，生硬地契合于"tradition"一语之译词。冈本太郎作为"明治官

---

① 马塞尔·莫斯（Marcel Mauss，1872—1950年），法国社会学家、文化人类学家。主要的研究对象是"原始民族"的宗教社会学或知识社会学。

② 乔治·巴塔耶（Georges Albert Maurice Victor Bataille，1897—1962年），法国思想家、作家。

僚",所念及者或许正是将山水画和茶道等当作日本文化民族主义轴心的冈仓天心的理论。然而事实上,20世纪30年代将山水画、茶道等置于"日本传统"中心位置的,却是帝大学院派的美学和文艺学。战后,那般理念得以承继,至1964年东京举办奥林匹克运动会前后,在彼时高涨的文化民族主义风潮中毋宁说获得了公认。冈本太郎敏感地反应到那般动向。因为在此以前,他就试图创造与"闲寂·空寂"或"幽玄"形成对照的、更加宏大的真正的"民族传统"。

真正的民族传统

他这样陈述道,"绳文式文化之健勇的、魔幻的、神秘的力量,宛若地底的热和光,由历史的深层照耀、温暖着我们。这种包容过去的民族情热或生命力是永无枯竭的,也是对于民族的信赖感"(《我的现代艺术》,1963年)。此外,之前他还在东北的"茧魂"①、冲绳的"御岳"②和密教的胎藏界曼陀罗中,发现了对抗近代社会压力的、仍具生命力的"民族底层的深奥能量"(《冲绳文化——已被遗忘的日本》,1961年)。冈本太郎之后这样归纳了他的日本文化观。他说"勤勉、率真、好奇心强的日本民族日后学习了各种文化,且巧妙融合于自身的文化中。日本所有的文化形式都是在不同历史层面相互抵牾的碰撞中,不断积淀而成立。这真是奇妙绝伦、世界无双的复合文化。它置身于惰性与混乱的旋涡下,却真切鲜活,具有日本独特的清明的生命感"(《原色的咒文》,1968年)。

"日本所有的文化形式,都是在不同历史层面相互抵牾的碰撞中,不断积淀而成立。"这般归纳,也许比以往所有的日本文化论都更加精确,也大大超越了时代性。冈本太郎还幻视

---

① "茧神"信仰遍及日本东北地区,是始于远古时期的民族信仰。
② 琉球信仰的宗教设施,拜神的场所,又称"腰当森"或"拜山"。

般地看到了那种"清明的生命感"——宛若地下水脉涓涓流淌。然而,那果真是日本的独特传统么。神道家喜好的"清明"其实源自古代中国的节日行事,即新历四月五、六日前后"万物至此皆洁斋"①。和语中的"清明"(或"洁净")是与汉字"清"紧密相关的,相通于无秽之义。若是清秽或除秽,则共通于几乎所有的宗教。那么不妨说,探究民族底层深部能量的冈本太郎,竟穿透到了相反的普遍性一边。

在高度经济成长期的东京都市建设和道路修筑现场,出现了"日薪"制的雇佣劳动者。他们中的大多数来自于地方。他们的故乡尤其是东北农村地方,便出现了爷爷、奶奶、大妈的"老人农业"。20世纪60年代末,日本全国的山村急遽地空疏化。如今,"里山"②一语常被用来讲述日本人共生于自然的"传统"象征,但那却是农林学家四手井纲英1968年率先使用的词语。在那之前,仅有入会地③杂木林之类的认识。

大正生命主义的复活与反省

人们追求私人欲望的充足,面对高涨的文化民族主义,出现了以东北出身的打工者为主人公的小说,反映了高度经济增长带来的弊端。例如,石川淳的《荒魂》(1964年)便是这样一部作品。主人公名叫"佐太"。小说以如下一句开篇,"佐太出生之时亦即佐太被杀之时"。

这样的小说开篇不同凡响。佐太一出生即被父亲杀掉埋在了地下。然而,佐太却凭藉着自身的力量爬了出来。具有异能的佐太被当作"荒神"之化身,他所象征的是连接着大地深层的、根源性的生命能量。男人们生出欲情时,便化作佐太的

---

① 神事、法会前,忌食酒肉,沐浴净身,以使身心清净。
② 与人们生活聚居地接近的山地、森林。
③ 入会地——在某些山野或渔场,在一定人群中设定入会权利。

分身，佐太作为人夫现身时，便化作耸立的阳根搅乱女人的血性。根据对象的变化，"荒魂"也会化作"和魂"。小说的背景是性解放开始风行的、都会中的风俗前沿，诸如秘密俱乐部中的受虐狂或同性恋者的交易。小说在那般背景下展现了觊觎权力宝座的男女性乱之中的痴狂喧躁。根源性的能量所面对的无疑正是性与权力。"说到底，这个世界唯有情色与权力。"石川淳以这种透彻的态度糅入了漫画式的触感，他一面播撒着神话般的象征，一面将故事的背景设定为一大康采恩军事政变的现代噩梦中。

夺取权力的理由基于形形色色的便利主义。石川淳记忆犹新，关东大地震那会儿，大杉荣遭到官宪虐杀的事件，令之感到事件就发生在自己的血管中。其小说像似神话却与天神无关。恰似《出云国风土记》中的相关描写那样，他让"和魂"、"荒魂"复归于"地神"或土蜘蛛。作品的趣旨正在于"和魂"、"荒魂"之现代的悄然解放。正所谓黑色幽默。石川淳在1958年曾创作了一部小说《八幡缘起》，将平地王、具有尚武精神且居于山中岩穴的石别，当作传说中源氏、八幡神之由来（小说的第二章第三节，述及公元11世纪"武士"中许多以杀生为业的狩猎采集民）。

高见顺《厌恶的感觉》（1964年）刊行于同一年份。写到一个青年信奉大杉荣的运动纲领，认定自我生命感的燃烧正是自我之扩充，也是摆脱一切权力的、自由解放斗争之根本。青年在剧烈变化的昭和历史拨弄下命途多舛。政治——是权力左右下的恐怖主义，性是与卖春妇之间的恋爱事件，舞台是"内地"各地或朝鲜半岛，最后移师上海摆弄黑帮隐语般的饶舌，后在一味"燃烧生命"的祈愿极点处发生逆转或倒错，终于真切地实现了自我破坏的初衷。《厌恶的感觉》创作背景，正是大正末期至昭和战前期的历史现实。不妨说，作品实验性地放任了大正生命主义，堪谓一部追寻末路的"昭和文学"杰作。

原子弹被炸日记

　　井伏鳟二《黑雨》（1966年）的主人公是广岛原子弹的受害者闲间重松，作品开篇写到其侄女矢须子患了放射病而结婚受阻，闲间整理、誊清了侄女的"被炸日记"，同时不懈努力拟与自己的"被炸日记"一同留给小学校的图书馆当作资料。依照这样的作品构想，作者以被炸后的广岛为背景，描写了侄女罹患放射病之后发生的故事。作品大部分以实实在在的广岛被炸经历——受害者年轻女性的日记为基础。作品以大量搜集"事实"的报告文学手法，淡然地连缀着大事件袭击后的、庶民的日常小事。作品题名"黑雨"，是因为原子弹爆炸后下了一场黑雨，被雨淋过的许多人罹患了放射病。

　　小说结尾，记录了1945年8月15日玉音播送（天皇宣布日本战败）时的情景。且看小说的如下场面，公司职员们仔细倾听广播中难以辨清的玉音，重松则独自离开大伙儿，来到公司后院盯视着那里的水渠——"我发觉了。水渠中有鳗鱼苗排列成队，急急地逆流而上。无数小鳗鱼成群结队。我惊异不已。比这种称作'梅鲭克'的鳗鱼苗更小的，是我家田舍中体长三四寸、称作'匹里克'或'丹丹巴利'的幼生。/'啊，快爬快爬，我闻到水的气息了。'/它们一个接着一个数不胜数。/这种'匹里克'从遥远的广岛下游逆流而上。（略）我蹲在水渠的边上，比较着'匹里克'的脊背，只是看到了或浓或淡的灰色，并没有看到受了原爆影响的幼生。"

　　在读者头脑里重叠了两幅光景——人们所在的爆炸中心地带一片焦土，沾上点儿雨水就必死无疑，而同时又可以嗅得到清冽水流的气息。这种在被炸地区清流中生机勃勃、逆流而上的鳗鱼幼生象征着什么呢，不言而喻。周边的同胞们只顾猜测广播中的玉音，莫非真的在宣告战败。重松却在一旁关注着其他，一只只的幼生虽渺小无比，但这却是"伟大的生命"迹象啊。重松不由地感觉到"真正的奇妙绝伦"。这部小说,最终表达了重松的一个祈愿,让侄女在原子放射病的悲剧中看到一线希望。

看完小说,我们感受到"大生命"观念的广延,使每一个人得以生存的"大生命"。

污染的海洋

1953 年开始,在熊本县南部水俣市一带,某类死亡率颇高的病患多发,患者呈特异的中枢神经症状。在究明原因前的 1964 年前后,新潟县阿贺野川下游地域的住民中也出现大批类似于水俣病症状的患者。政府的对策过于迟缓。

石牟礼道子在《苦海净土——咱的水俣病》(1969 年)一著中,揭示了悲惨的病状。——在环境悠然的海边渔村旁,新日本氮肥化工厂排出的有机水银通过鱼类进入人体,因而生出了多例畸形怪胎。石牟礼的作品也是报告文学形式——基本构成是作家见闻、患者自述和新闻报道等。

一直生活在八代海沿岸的石牟礼写道:"偏僻渔村,乃是我们生命的根源或风土,近代产业却将其罪孽施加于彼。"对此,石牟礼决心与水俣病战斗。"我心深知,如今,在我的故乡飘游的死灵与生灵对话正是阶级的原语,我要调和泛灵论①、物活论②而充当诅咒近代的巫师。"所谓"阶级的原语",即她笔下的"最大多数派无权力草民"的语言——他们生活在渔村或半农半渔村,一旦海洋受了污染,他们的生活立刻出现危机。这些草民拥有龙神信仰或具某种生活风习即膜拜海里捞出的、具有人形的石头。一个老婆婆将患病的儿子留在家中,出门仰视母亲的相片说:"妈妈活着。将妈妈拜在神龛

---

① 泛灵论(Animism),又称万物有灵论,泰勒提出,认为原始人在形成宗教前先形成"万物有灵"之概念。

② 物活论(Pre-Animism),又称前万物有灵论,马雷特认为"万物有灵"概念之前,整个世界(每件物体)是活的。

上，就跟神一样了呀。"

石牟礼道子敏感地感应到那些运用方言的草民们的心灵活动，她将自己的精神寄托在那些人物身上，创发出沉淀于幼时记忆底层的乡土语言。分析心理学的创始人荣格①的集体无意识所支撑的，毋宁说正是对于"生命"的深切祈愿。石牟礼的小说中，便也常常出现类似的说法。

如"苦海"一词原为佛教用语，形容现世苦难像海洋一般大无边际，在亲鸾的和赞②中亦可看到"生死苦海"一词。亦写作苦界，常用于游女世界。所谓"苦界净土"，则为戏言或抚慰用语——将苦界直接视为净土。而将"界"叠加于现实之"海"的思想根源亦在佛教。然而，若继续深挖下去，那根源则是一种近乎无意识的、浸透于日本庶民间的自然观，即可窥见一种关乎自然底层孕育生命的强烈信赖，一种堪谓母性原理主义的生命观。

20世纪70年代，兴起了国际范围内的自然保护、自然保全运动，出现以希腊神话宇宙之初混沌中出生的、大地女神"盖亚"命名的母性原理主义。日本的母性原理主义，亦与之气脉相通。基于这种"地球大生命体"的观念，痛感近代文明、近代科学伴随的弊端，对神秘的混沌产生了亲近感，进而显现出对于东洋哲学的倾斜。前述母性原理主义，毋宁说正是这种所谓"深生态学"③思想的源流之一。

然而，《苦海净土》涉及的是更加宽泛的内容。

---

① 荣格（Carl Gustav Jung，1875—1961年），瑞士医生、精神心理学家，着重研究深层心理，创立分析心理学理论。
② 以和语赞叹佛·菩萨、教法、先德的和歌。始自赞叹，流行于平安时代至江户时代，以七五调句式重复。亲鸾则以四句一章。堪谓经典的有，源信的《极乐六时赞》和亲鸾的《三帖和赞》等。
③ 深生态学（Deep ecology），主张人类应与动植物及环境保持协调的生态状况。

近代的整体性创伤

村民对于熊本大学医学部医疗的反应及工厂废液的致病原因有目共睹。然而工厂又是当地市民的骄傲，城市经济的发展亦大大依存于工厂，因此政府静观那般反对运动无奈中的屡屡受挫。显而易见，之前的足尾铜山反公害运动及政治优先的传统左翼，皆彻底抨击近代工业束缚下的战后日本体制。

此时人们看到听到的却是包括对决传统左翼的学生叛乱。1968年，美国介入的南北越南战争陷入泥潭，开始呈现败走颓势。苏联则将坦克开到了争取自由化的捷克首都布拉格，再度表现了强压对态势。年轻一代敏锐地预感反应到核子武器威慑下悬空的战后世界冷战时代即将结束，国际性的反战示威风起云涌。第二次世界大战后高出生率时代（1947—1949年）出生的一代，此时多为大学生。在他们中间爆发了对于教育制度等方面郁积的不满。战后作为核抑止力基础的正是生产力和宇宙开发事业上相互竞争的冷战结构。大学生们感觉到，冷战结构反映于国内的左右对立是一种自由的桎梏。美国的黑人人权运动者拿起了手枪。中国"文化大革命"中称作红卫兵的年轻一代也开始了破坏活动。国际性的行动派激进主义（新左翼）甚嚣尘上。

各地的知识分子亦反应不一。不过转瞬之间，行动派激进主义便显现了其局限。巴黎五月革命中，工人只要返回生产现场便不予追究。追求永远不断革命的中国"文化大革命"，也显现出作为症结的党内权力斗争。1970年，日本则掀起了反安保斗争的浪潮，新左翼诸派由主导权的争夺激化为"内斗"，甚至出现了热衷于枪杀、劫机等过激行动的团伙。于是，运动遭到了毁灭性的打击，转瞬间回归到往日的抑郁中。

宇宙生命树

在执迷于行动激进主义的学生叛乱影响下，思想、行动统统呈过激化状况的是活跃的、国际性明星作家三岛由纪夫。1970年11月25日上午，他在自己组建的、武斗训练组织"楯会"的三名成员森田必胜等陪同下，强行闯入自卫队的市谷驻地鼓动政变，未得反应而在总监室剖腹自杀。在记述着其信条的《文化防卫论》（1968年）结尾，他强调自己的主张在现行宪法下也有实现之可能，世谷演说中他则呼吁"修改宪法"。显然三岛由纪夫也是在行动激进主义的诱导下，行动、思想皆急速地膨胀与激化。有人认为，《文化防卫论》的结尾只是一种障眼法。实际上，他也在新闻媒体上议论宪法之修改，从其主张的内容上看并无障眼之意。

事件令人强烈地感觉到，三岛由纪夫确是在战后的"和平与民主主义"过程中一直扮演危险性丑角角色的作家，自杀是他舍命演出的最后一场大戏。各类媒体掀起了轩然大波，但仅有少数名流给予了肯定性评价，如中日战争期间文艺批评界的领袖人物保田与重郎称——"此乃日本历史上数百年不遇的大事件"。更多论者是以"滑稽"一语形容其跑到自卫队鼓动政变。以当时的首相佐藤荣为代表的体制派则感觉麻烦，漠然视之或称之为疯狂的举动。

三岛由纪夫最后的作品是《丰饶之海》四部曲（1965—1971年）。作品有趣地采用了《浜松中纳言物语》中的渡海转生情节，作中人物冒名顶替，小说的结局是悲惨的。不仅是结局，整部小说本身都是悲惨的。因为与作者当初的写作计划或意图迥然相异。无可否定的是——自杀事件的发生，使关心三岛由纪夫这位作家的人数出现了国际性的增长。

这里提到三岛事件，亦因在大江健三郎关于事件的敏锐反应中，可以窥见某种生命观。在事件发生不久创作的《自己抹去眼泪的日子》（1972年）卷首之"连缀两个中篇的作家笔记"中，有如下一句描写——"裹着冒牌军服的、剖腹后的无首尸体，仿佛纯粹天皇胎水飞沫暗黑星云下降"。这是刊于杂志《十七岁》①（1961 年）第二部末尾的、曾经刊出的短诗的开头一句。就是说，大江健三郎是将自己心中的天皇形象，重新翻腾出来进行了探究。他在获得了诺贝尔文学奖（1994 年）之后也曾论及三岛由纪夫之死，强调了这种"否定性契机"的重要性（《最后的小说》，1998 年）。

而在《倾听"雨树"的女人们》（1982 年）和《新人啊觉醒吧》（1983 年）中，大江则以英国 18 世纪末诗人威廉·布莱克②的诗句为媒介，设置了宇宙生命树的意向。《新人啊觉醒吧》中"雨树"的基本幻象可回溯至作家自身经历的"山谷间少年时代暗郁的梦幻仓库"，此意象同时表现了《同时代游戏》（1979 年）中曾经描绘的神话世界——发烧少年彷徨无着的夜晚森林。幼少期的"民族生命"或"现人神"观念雨露般地滋润着少年，此时，其头顶闪烁的"宇宙大生命"之神秘观念的痕迹，在作品中幻化为生命之树得以甦生。

大江健三郎欲将潜存于自己内心深处的现人神记忆，升华为生命源泉的神圣象征。将现人神看作"宇宙大生命"之显现的逻辑，原本出现在大正生命主义之盛期。而那般思潮，却与 20 世纪转换期威廉·巴特勒·叶芝③等伦敦的年轻诗人密切相关——他们推动了发掘、评价布莱克的象征诗运动。例如，和辻哲郎曾将那些诗人的"布莱克论"介绍到《帝国文学》杂志上，白桦派时代的柳宗悦也是布莱克诗歌的崇拜者。

分子生物学的提案

在高度经济增长的道路上突飞猛进的 20 世纪 70 年代日

---

① 《十七岁》（SEVENTEEN）杂志是集英社发行、面向 10—20 岁少女的杂志。杂志名称虽是英文的"17"，但并不是面向 17 岁少女的杂志，而是 13 岁至 19 岁 7 个年龄层的意思。

② 威廉·布莱克（William Blake，1757—1827 年），英国画家、诗人、铜版画画家。

③ 威廉·巴特勒·叶芝（William Butler Yeats，1865—1939 年），爱尔兰诗人、剧作家、英国神秘主义秘密结社成员。

本，除了水俣病，还有四日市等工业地带频频发生的哮喘病等，因而，日本作为公害"先进国"受到了国际性瞩目。这成为了一个警钟。国际社会开始确认，继续无限制地经济增长或不加抑制地浪费地球资源，那么再有几个地球也无济于事。为此，国际社会在"可持续发展"的方针上达成了共识。

野间宏是二战后第一次战后派代表作家，他接受了法国作家、哲学家萨特①倡导的、囊括国际问题和社会矛盾的"全体小说"理念，他活跃的创作和尖锐的问题意识使之获得了广泛的国际影响力。20世纪70年代，其关心的幅度进一步扩大而涉及核电、环境污染和地球温室效应等诸多问题。在其随笔《现代文明危机中的文学》（1975年）中，他以生态系统的思维方式为媒介，将问题的核心归结为现代文明引致的、"人类乖离于自然"的"人类生存危机状况"，继而尖锐地提出对西欧近代进行根源性批判的必要性。

野间宏正面接受了当时法国分子生物学家雅克·莫诺②《偶然与必然》（1970年）中的问题意识。莫诺是1968年5月革命的积极活动家，论著中提出对近代知识体系进行总体批判或对欧洲近代进行根源性批判的必要性。莫诺对于相关专家的影响又当别论。在受其影响的日本知识分子中，反应最为敏锐的正是野间宏。

莫诺基于分子生物学立场，将19世纪型的进化论思想和与自己因缘很深的马克思主义，皆看作根源于基督教的法则崇拜癖，而予以全面的批判。他的主张是，"任何生命，皆为遗传因子无方向的突然变异（偶然）及其选择（必然）的结果，人类在这广大的宇宙中乃是偶然的出现——极端偶然且极端孤立，原本是既无

---

① 萨特（Jean-Paul Charles Aymard Sartre，1905—1980年），法国哲学家、小说家、剧作家、评论家。主要哲学著作有《超越自我》（1937年）、《存在与无》（1943年）等。

② 雅克·莫诺（Jacques L. Monod，1910—1976年），20世纪中期法国杰出的分子生物学家。

命运亦无义务的存在，因而必须选择自身的价值。"

野间宏试图对之诉诸批判。如今读来，仍能感受到那种东西方综合性智慧对话的惊悚场面。但实际上那般争论存有误区。野间基于所谓的东洋智慧，坚持创造性展开马克思主义的可能性，却忽略了日本 20 世纪前期试图超越近代弊害的种种志向。由此可以看到 20 世纪后期东西方知识的存在方式乃至基本构成的差异性。尤其是日本的知识分子，那般法则性崇拜癖根深蒂固。

此外在分子的层面上，不妨说，前述莫诺的主张循着日后研究亦能继续的方向实现了重大的飞跃——将个体层面的问题一举相连。那些间隙谅无法填补。然而关乎个体层面，由生物的法则即可容易地证明人类的自由本质。例如，一个例证的正是源自生殖那般生物本能的、自由且以快乐为目的的性行为实现。

然而，人类虽为生物之一种，基于生物法则、自由形成的人类特性，却引发了很大的自我矛盾。关于此，将在后面的内容中述及。总之，野间宏以公害和生成公害的社会系统为主题，附带"体感失调言语化"的尝试，创作了短篇小说《泥海》（1979 年）和《青粉秘书》（1982 年）等。这一系列作品，令读者的头脑中鸣响着警铃。

大生命物语

作为 20 世纪 70 年代至 80 年代日本小说界的代表性作家之一，大庭美奈子的随想体短篇小说集《舞舞蜗牛》（1982 年）中有一篇题为《蛆虫与蟹》的作品，开篇写道：

> 停战的夏天记忆，离不开八月的太阳和原子弹。/在投下原子弹之后的广岛，我与受害者共同度过了两周。对我而言，那意味着什么呢？我看到了人类思考的结果。（中略）应该说，原子弹爆炸正是人类欲望的象征。

大庭美奈子的代表作是《浦岛草》（1977年），作中人物雪枝生活在美国且已融入美国的生活，在与美国人结婚之前她曾短期回国。对她而言，广岛是情系家人的故乡，这里的故事世界横亘着血淋淋的、故国日本遭受原子弹轰炸乃至战争的阴影。作品中，人类原罪一般背负的复杂欲望假托于浦岛草这样一种形象不佳的花草。在另一部以蔓草冠名的长篇小说《王女的眼泪》（1988年）中，故事的展开宛若蔓草纠缠、小花绽放强烈芬芳的景致。大庭美奈子笔下男女之间、男性之间或女性之间无限的心理活动，便像具有因果关系的蔓草一般相互缠绕，不断纺出无限深广的"大生命物语"。

在《蛆虫与蟹》中还有如下一段文字记述。

现实人生比任何伟大的杰作至少比小说更离奇且深广无限。那般辽阔、巨大海洋中的生活对任何人都是公平的。／人的出生，绝非突然、偶然的出现，携之而来的必然是万劫①的人类生命。

此刻突然意识到，20世纪80年代日本小说界曾出现一批作家，有意识地表现了生命观或生命中心主义的主题。例如，中上健次②对第二次世界大战后个人主义—人道主义思想中具有的意识形态性，最早表现了异常过敏的反感，他在表达曲折性冲动的颓废中不断强化自己有言即发的风格。小说假托受歧视部落出身者的劣等血缘，采取人物中本为故事中心的系列长篇小说形式，并渐次将"大生命"主题编织于其中。《奇迹》（1989年）一作中，相关的一个恶棍叫"太一"，作品描写到他悲惨的临终；作品中的叙事者是阿龙婆，她引导读者看到的

---

① 万劫：万世。佛教称世界从生成到毁灭的一个过程为一劫。指永远不能恢复。

② 中上健次（1946—1992年），和歌山县新宫市出生的小说家。1976年以《岬》获第74届芥川文学奖。

是港湾风景。

光由天空降下，港湾崖上生长的乌冈栎①和柯树枝叶茂盛，在光影的作用下轮廓朦胧。在任何人眼睛里，眼前映现的都是相同的风景。阿龙婆注视着这般风景。陋巷里见识了无数生命诞生的阿龙婆，相信生命是与光线拧在一起降落在海边的树林或地面，又被吸收进海里。作为渺小的一粒生命，她感觉太一的死残酷得令人战栗，陋巷里所有的人都受到了冲击。阿龙婆也瞠目结舌。

在岬角的风景中，阿龙婆看见了伴随着光降临的"大生命"。对她而言，性情暴躁的男人太一，也不过是"大生命"的一个粒子。

综观现代日本的文艺，不妨说，一直在挖掘带有战后思想印迹的大正生命主义，也在试图找回显现为"宇宙大生命"的现人神记忆，此外结合原子弹受害和水俣病之类的环境污染，结合地球环境等问题，已被展开的"大生命"主题以人道主义为中心，试图实现超越近代思考框架的新的探索。

过劳死

在世界经济中，高度经济增长使20世纪80年代的日本有了"日本第一"之美誉。与之相伴的则是20世纪80年代后期国际闻名的"过劳死"。长时间高强度的劳动、深夜加班、海外出差、单身赴任等，极度疲劳或精神失调，频频引发脑血管或心脏疾患之类的英年早逝。20世纪90年代初，劳动省（现为厚生劳动省）公布的日本年间平均总劳动时间接近于两千小时。此外，还有统计中未能显现的、屡见不鲜的加班。不妨说，实际上常态化的长时间劳动是统计数字的1.5倍。此

---

① 植物名称。英文为 Quercus phillyraeoides。

前,"过劳死"尚无法被认定为劳动灾害。但是到了20世纪80年代后半期,相关律师接手了太多的"过劳死"事例,终于演化成为社会问题。无疑,因长时间、高强度劳动引发的死亡,也潜存于欧美的经济社会中。但并没有成为日本这样波及广泛阶层的社会化问题。

其实,1973年第一次石油危机以来,"企业战士"之类词语漫天飞舞,便可推测出——为了经济的快速增长必然不断地强化劳动。然而将"过劳死"看作一般性的劳动灾害,就很容易联想到当时日本的国家行为,尤其是池田内阁的豪言壮语"所得倍增计划"——使日本进入了举国一致的增产体制,诸如黑部水库建设之类的大型项目推进,必然地造成了大量牺牲者。就是说,此时的目标乃是每一个人个体私有财产的增加和国家经济发展的一致,这成为全体国民的共识。不妨说更大的要因在于,长期以来劳工运动一味关注加薪斗争和政治课题,20世纪70年代以后的劳工运动又趋于弱化,人们只好甘心情愿地接受长时间、高强度劳动那样的劳动条件,甚至形成了社会性肯定的精神风土。

勉为其难的劳动日复一日,终于到了极限溘然而逝。"不期而至的死"在任何世代或都屡见不鲜。但"过劳死"的牺牲者们,难道不正是另一场"战争"的牺牲者么。在古井由吉的长篇小说《野川》(2004年)中,将"过劳死"叠影于美军空袭造成的大量死者群体上。莫非,这正是"大生命"物语风潮中凸显的"大死亡"物语。

治疗

20世纪80年代,生命中心主义宛若变换了形态再度登场,其预兆显现于日本的小说界。另一方面,到了20世纪90年代,村上春树和吉本巴娜娜的小说吸引了年轻一代读者的眼球。那般人气延续至今,竟获得了令人惊异的国际性影响力。我们知道,伴随着都市化和情报化的进展,在家庭关系、朋友交往乃至与世界的关系上，无数年轻人受到无以名状的心灵伤害，这似乎正是村上、巴娜娜现象的深层根源。

村上春树的初期作品有《且听风吟》（1979年）。有论者称，作品仿佛揭开了心灵的一角示以外界，作品形式令人联想到时开时闭的通路，不妨说仿制了一个"自闭症"似的世界。此外在《奇鸟行状录》（1994年、1995年）中村上写道，有意识地重复日常的习惯性行为或可达到心灵之安定，而降落至无意识领域后则可找到与他者交流的通路。某行为疗法的研究者指出，作品中充满了疗治心灵不满或心灵伤痕的行为。

了解到上述情况后，想必便可了解年轻一代具有普遍性的心理状态——他们持有某种共同的心理感觉，心怀恐惧而不敢将自己展现给世界，他们必须在自我和世界之间构筑一道防御墙。年轻一代近乎变态地喜欢携带电话（手机），也是一个反证。同时在精神医疗的世界，有报告称20世纪80年代统合失调症①的患例急遽减少。相反所谓的"幽闭"现象却有所增加，一句话，就是缺乏交流、沟通能力的现象。

无论理由是什么，心灵易受伤害的状态并不局限于年轻人，而正在成为一种国际性的普遍现象，为此出现了新的流行——以种种方法寻求身心的疗治。东洋具有代表性的方法是禅和瑜伽。这些方法与生命观亦并非无缘。在文化中心的瑜伽教室，教师会这样调动学员说——

> 来吧。让我们汲取了宇宙生命，运行于整个儿身心。

三　受到质询的生命观

生命伦理

在日本，生命伦理问题浮现于各类媒体，乃因围绕器官移

---

① Schizophrenia，精神分裂症。

植的死亡判定。设定的问题是——"脑死可否判定为死亡?"围绕死的定义,脑死和历来认定的心脏死之间展开了争论。1997年10月施行了器官移植法,对已经表达了器官移植意愿的成年人,从法律上确认脑死即可认定为死亡。之后在各处便利店很容易获取一类卡片——表明自己的捐献器官之意愿,在卡上写明自己脑死之时愿意提供器官。然而对于实际上可以提供器官的幼儿却无章可循,据说,有时只好转道他国接受手术。另一方面,也有人对个人的死亡意愿表达持有怀疑(实际上也关乎遗族的意愿)。与之相关者还有尊严死(安乐死)的问题。总之日本确有一种强烈的倾向——汇聚了种种关乎人之死亡的问题意识。

在欧洲和美国,论及生命伦理首先便是堕胎问题。就是说,自哪一个阶段认定一个生命的存在,实际存在巨大的认识差异。而以各种手段施行的人工受孕也会造成种种问题,例如孩子长大了想要见到自己的真正父母。种种议论的依据藉助了传统的天平,基于宗教的强大的道德伦理、父母尤其是母亲的身体保护乃至育子愿望的实现之类强烈欲求,等等。在宗教意识不断淡化的欧洲,制定了不同场合下理性的解决法案;但在情况不同的美国却每个州皆有不同的法律,很难找到一个统一的解决方案。这也成为一项政治性课题。

根本上讲,此等问题正如法国哲学家米歇尔·福柯①《性史》(第Ⅰ部"知性意志",1976年)中指出的,公众卫生和人口政策等作为健全国民之标准,归结于国家管理每一个人生命的、近代国民国家制度问题。当然,这里仍旧存在着法律漏洞或暗箱操作,金钱作用下的胡作非为亦屡见不鲜。但在此意义上,与其说是生命观问题,毋宁说相关于政治和伦理的根本

---

① 米歇尔·福柯(Michel Foucault, 1926—1984年),法国哲学家,亦被称作后结构主义代表人物。代表作有《疯狂的历史》、《监狱的诞生》和《性史》等。

性的问题。

说到底，我们已是21世纪的人类。不仅器官移植，组织移植①之类亦已昭然于天下。当今医疗技术的飞跃式发展，使大众社会（传媒问题亦与此相关）、大众社会的情报化乃至国际化相互关联，问题则变得更加复杂。在日本，进而有人指出，所谓纵向行政②依然是难于解决的困难。个人意愿的尊重和社会规约，只能在限定的场合下调节，许多错综复杂的问题只能是空对空地止于议论（情报漫天飞），而未能达成一种有识之士的共同意识——以必要的技术综合、整理、归纳形形色色的观点，并建立起某种专家们取长补短的机构。

遗传基因说

在这样一种现状下，生命的国家管理进入了迥然相异于近代的新阶段。人类基因组（Human genome）解读计划，在美、英、日等国的国际共同研究中取得进展，2003年宣布完成了解读。英国等国还设想建立"生物资库（biobank）"那样的人类基因组管理系统。

人类基因组的解读及其国家管理，亦早早敲响了关乎隐私权保护或人权问题的警钟。为此，联合国教科文组织拟订对策，1997年11月联合国签订了"人类基因组与人权世界宣言"，强调——"人类基因组的认识基础在于承认人类所有成员的基本一致性，且承认这些构成成员的固有尊严和多样性。"所列项目共七节二十五条，禁止个人的遗传性特征还原，禁止将遗传性特征作为差别待遇的对象，以及强化了遗传基因检查时的自我决定权。在联合国达成这样的国际性共识是十分有效的。但这个宣言却没有涉及监督或规约的权限。各国

---

① 组织移植（tissue transplantation），摘取生物体组织的一部分，移植于同一个体或其他个体。角膜、皮肤、骨头、血管、脑硬膜等的移植皆属于组织移植。

② 组织中的行政关系以上下关系为中心，缺乏横向的关联。

今后将采取怎样的政策，完全是雾里看花。当然这个宣言意味着以人类物种共同项和个体差异为认识基础的基因时代的到来。不妨说，人类观亦在不断地发生转换。这种转换无疑同生命观具有着很大的关联。

基因组意味着包括染色体在内的遗传基因整体，包容了一个生物的全部遗传情报，不妨将之看作生命体的设计图。用木原均①的说法——即"生物生存之必要的遗传基因组整体"，或"一组染色体中作为其构成的染色体协同作用共同营造一个完全的生活环境或生活现象而实现进化的单位"。1953年詹姆斯·沃森②和弗朗西斯·克里克③曾对其结构做过明确的解释——四种盐基（A、T、C、G）④ 符号并列显现的序列由两根逆向的链条锁定。之后则开发出便于操作的器械，且在我们身边出现了许多新品种的植物。不仅如此，为研发新的、补充有限的石油资源的燃料，人们开始栽培相关的谷物。

20世纪后期，主宰生命的遗传基因亮相世界，各类遗传基因说甚嚣尘上，仿佛成了一切生命的决定因素，甚至出现了一种拟人化的宣传用语"利己的遗传因子"。在以上原因的作用下出现了某种一般性的观念，认为人一出生即具有某种天生的要素，对人的将来具有决定性意义，甚至制作貌似具有科学根据的电视节目，以血型判断性格。这种现状可谓势之所趋，

---

① 木原均（1893—1986年），日本遗传学家，京都大学名誉教授，原国立遗传学研究所所长，理学博士。

② 詹姆斯·沃森（James Dewey Watson, 1928—   ），美国生物学家。美国科学院院士。1951—1953年在英国期间，他和英国生物学家F. H. C. 克里克合作，提出了DNA双螺旋结构学说，且因DNA的双螺旋模型学说，沃森和克里克及M. H. F. 威尔金斯一起获得1962年诺贝尔生理学和医学奖。著有《基因的分子生物学》、《双螺旋》等。

③ 弗朗西斯·克里克（Francis Harry Compton Crick, 1916—2004年），英国物理学家、生物学家。因沃森、克里克和威尔金斯在DNA分子研究方面的卓越贡献，1962年，他们三人分享了诺贝尔生理学和医学奖。

④ 依次为：Adenine，腺嘌呤；thymine，胸腺嘧啶；cytosine，胞嘧啶；guanine，鸟嘌呤。

各类媒体时不时跳出"文化性遗传基因"、"外交官的DNA"之类词语。

其实,"进化"一语并非仅仅指称生物学上的物种进化,也常常形容运动员个人能力的提高,就像计算机世界的用语火花一般散落在体育的世界。计算机功能以十年为单位,发生迥然差异的飞跃性发展。也许没有必要过分拘泥于此。但此前并无先例——将生物学上的用语借用于人为的修炼或努力推进的进步上。另一方面,论及生物学,重要的是明确表示个体群、个体、器官、组织、细胞、基因乃至往下细分的分子;且应分出不同的水准,明晓哪些具有相互的关联,而哪些并无关联。

多样性

在前述"人类基因组与人权世界宣言"中,亦已强调了"多样性尊重"的问题。而早在1992年关于环境与开发的联合国会议(地球环境首脑会谈)上,即已签订了"生物多样性条约"(1993年12月生效),强调保护生物多样性的必要性。条约涉及了物种之内、物种之间乃至生态系统的形形色色的多样性。条约还规定,致力于物种或遗传基因保存的事业,原则上应在"自然状态"中推进。此类条约和宣言推出后,如下理念便也成为国际性共识——"正如生物界之多样性尊重,人类文化中的多样性也是重要的"。

然而,多样性的目的究竟是什么呢。"生物多样性条约"中强调的并非"迷云一般(非理性)的多样性"——面对不可预测的环境变化,无法预测哪些生物得以留存。其目的必然在于生态系统的安定存续。因而必须警惕的正是生物工程学(Biotechnology)研发的新"物种"使生态系统发生紊乱。总之,所谓生物多样性乃是关于物种留存的思考且限定于当今存续的多样性。有人主张——"既然尊重生物的多样性是必要的,那么人类文化的多样性也是重要的"。他们想要表达的或许正是,文化间的生存竞争跟生物一样也是不可避免的。或是担心文化生态系统出现紊乱，而欲封杀新种文化的出场。

其实强调文化多样性的尊重，无须引证生物多样性。之所以出现这种状况乃在于一种自然科学尊重癖。其根本问题在于，尚未真正理解人为与自然的区别与关联。"生物多样性条约"中所谓的人为与"自然状态"的再创之间存在着逻辑上的矛盾，人类正是一种制造此类矛盾的存在。人类属于自然的一部分，同时又在包容着自身的自然中不断地重复变调，人类了然于心却重复以往——彻头彻尾乃是一个麻烦的存在。如今"lords of creation（人类）"正是所谓"loads of creation（万物的重负）"。

自动控制（cybernetics）

与之不同的是发生在我们头脑中的另外一个麻烦，人类开始思考将自身模拟为自己制造的机器。

法国 17 世纪哲学家笛卡尔最早提出了动物机械论，但他认为"人类具有精神或灵魂因而不是机器"。关于人类，笛卡尔的思考方法是心灵与身体一旦分离后的关联（遗稿、《人类论》序文）。他自身并非身心二元论的鼓吹者，却有着创始者一般的理性思索。18 世纪法国医生拉·梅特利①在《人类机器论》一著中提出，应将人类看作机器。所谓机器，并非受到某种程序控制的机器人，其人类机器论的根据在于，"人类的理性与道德，同人类与生俱来的确实的本能及动物性之间，竟没有丝毫的矛盾。"他的结论如下，拥有"尊敬自然之念"或世间万物皆为"自然所赐"的观念，并对"自然"怀着感激之情，那么自己的"内在自然"和他人的"内在自然"就应当获得同等的重视，也就"绝对不会出现虐待同类的状况"。由此，绝对无法导引出人类征服自然的理念，也绝对不会

---

① 拉·梅特利（Julien Offray de La Mettrie, 1709—1751 年），法国哲学家、医生，启蒙时期法国代表性的唯物论者。

"把女人当作生产的机器"。

然而，如今我们头脑中的理念却与之截然不同。现代人将自身类比为——仿制于生物自控机制的机器。这里的机器即为电子计算机。

美国的约翰·冯·诺依曼①关于数码式计算机程序内藏方式的提案，获得实用化开发及爆发式的国际性发展，随之出现了新的社会现象——情报革命。在此前后，数学家诺伯特·维纳②提出的则是《控制论——动物与机器中的控制与通信》（1948年），此乃之后情报科学的原点。维纳设想中特殊的必备装置是，无论生物还是机器皆为某种目的之下构成的系统，系统为了实现其目的须由外界收集情报变换为新的形式，藉此实现对于外界的有效行动且不断预想行动之结果，再反馈回来准备下一步以确定目的实现之最佳行动。维纳由情报的传达、处理、储存等方面把握了生物、机器、社会的系统，且在有效管理、有效控制之技术开发的目的下展开了他的理论。前述两个方面相互作用，控制情报输入、输出的内存程序与情报反馈的构想，已被应用于工学、生物学、医学、经济和经营等各个不同的领域。

于是，各种反其道而行之的观念也蔓延开来——认为计算机内存程序的功能也是人脑所具之功能。人们开始普遍关心动物与人的神经系统尤其是中枢神经即人脑的功能。美国的诺姆·乔姆斯基③提出的假说是各种语言中存在的普遍程序也存在于人脑之中，这种假说一度被当作科学受到普遍的认同。简

---

① 约翰·冯·诺依曼（John von Neumann，1903—1957年），原为匈牙利数学家，1930年举家迁往美国。20世纪科学史上最重要的人物之一。在数学、物理学、工学、经济学、计算机科学、气象学、心理学和政治学等方面皆有其影响。参与了第二次世界大战中的原子弹开发和之后核政策的制定等。

② 诺伯特·维纳（Norbert Wiener，1894—1964年），美国数学家，控制论的创始者。

③ 诺姆·乔姆斯基（Avram Noam Chomsky，1928— ），美国语言学家、思想家。其《生成语言法》被称作20世纪理论语言学上的一个里程碑。

单说来，所谓语言正是一定集团中运用的符号及其运用的习惯性约定俗成；或运用符号的能力一般关联于生理，与人为的约束本质上并无关联。此般理论恰如物理学中披着"科学"外衣横行的、某种谬论的不同形式的再现——在能量还原主义占据主流的时代，有人曾假想了人类整体生命活动中原本无法计量的能量之功能。

进而出现了一种理论强调作为生物特性的自我创造能力（autopoiesis、自创生理论），并欲将此机制转用于企业和学校的运营等。每一个人皆自发地、主体性地将自己键入组织，契合组织的目的变换自己的能力而后退出组织。在"此般模拟生物的自动机器一般的组织"——每一个人皆将自己托付于组织的存续而与其他组织竞争，每一个人皆被编入组织且沦为组织发信的"情报"——所谓人类的情报化。这正是曾被鼓吹的、为国家生命体的存续而不惜将个人当作新陈代谢物的、荒谬理念的新的展开。仿佛组织等于生命体论也变成了所谓的"进化"。

机器人（cyberpunk）

让我们将目光转移到漫画领域，显然也有以生命为宏大主题的作品。例如作为战后漫画界领袖人物手冢治虫，即以原始——未来的社会为舞台，旷日持久地创作了一部巨作《火鸟》（1954—1988年），将"永远生命"的大主题寄托在不死鸟的艺术形象上。漫画家宫泽骏则是令日本漫画的高品质获得国际性认可的决定性人物，其成名作《风谷娜乌西卡[①]》（1982—1994年）乃是一部宏大物语，描写世界战争带来了巨大的文明破坏，作品设定了一个千年的舞台，人类与自己造成的污染战斗且致力于伟大的重生。不过，这里也同样存在着某

[①] 宫泽骏漫画作品中人物名字。Nausicaa 也是希腊神话中的美貌公主，宫崎骏有意在《风之谷》中借用了这个命名。

种巨变。

20世纪后期流行的网络朋克（cyberpunk）[①]一词，乃控制论（cybernetics）一词和告发社会问题的摇滚音乐朋克（punk）一词的合成语，意指表现未来社会现象的SF（科幻小说）。在将网络朋克的世界展开于动画电影中的作家中，押井守是代表人物。他为自称"没有生存实感"的当今的日本年轻人，开发出精巧的技术而强化了那般生命感稀薄的世界，作中人类与机器人、电子人（cyborg）同样活跃——那些作品加强了相似或交错的印象，或表现了稀薄的、日常实感的缺乏，或与赌以性命的游戏场所纠葛交错。这些作品使押井守获得了国际范围年轻一代的支持。

在生命感稀薄的世界却感受到尤为强烈的现实性，道理何在呢。庄野润三曾有一部短篇小说《游泳池边小景》（1954年）——本应拥有的日常中的安定，事实上只是夫妇俩做给世人看的伪装，在安定的家庭和职场日常的底层，作者写到令人瞠目、趋向破灭的危机。战时和战后混乱期中苦苦挣扎的人们，总算获得了相对的安定感；但毋宁说，作品象征性表现的正是那般安定之中的空虚感。吉行淳之介则在《鸟兽虫鱼》（1959年）一作中，描写了年轻工薪阶层司空见惯的日常世界的褪色，在这里，人们和汽车、电车等等一起变形为鸟、兽、虫、鱼。这些都是迫近经济高度增长期时代出现的作品。这些作品超越了战后的混乱期，在业已恢复的日常性中展示了踟蹰、怪异之类的感受性。

稀薄的生命感

比较而言，如今"没有生命实感"的感慨，实际上并非宣告了过劳死频繁发生的工作狂季节的结束，也并非宣告个人

[①] 科幻小说的一种。特性为：完全以电脑中的未来世界为题材，情节发展快速。

主义（人们不再具有群体性执迷）季节的到来。实际上，随处可见退职后享受生活的人们姿影。那只是年轻一代时常扯起的话题。其实并非意味着，他们儿童时代曾经体味的"生存实感"随着年龄的增长烟消云散。此等说法，或许只是比照了同年龄层年轻人曾经有过的、活生生的生存状态。不管怎么说，从未有过"生存实感"的人总说自己无法拥有"生存实感"，毕竟给人以滑稽之感。

应当说，那里伴随着一种拒斥的情感——拒绝长大成人，也拒绝进入现实社会。他们希望延长自己的青春期（moratorium）。而将自己封闭起来，甚至拒绝延滞期施行的训练。他们拒绝参加探寻实感的旅行，带着拒斥感无可奈何地被动地进入现实社会。此时出现抵牾，不是理所当然的么！

生命实感的核心乃在时代、地域、个人的差异，因人而异。任何人都会对社会的某些要素充满厌恶，心怀拒斥；但又必须努力改善恶劣的心情，以无视那般要素的方式求生存。因而，实际上正是那些成年人，以能否具有"生存实感"将年轻人一分为二，且据此进行自我判定。

其象征，也许正是幼年时代执迷的录像与电脑游戏之类虚拟世界，令人担心的一直是自然体验的日益减少。而这种二分法的结果是，对于体味从未体验过的现实社会或"生存实感"，充满了恐惧或难以忍受的感觉。就是说，他们不愿过早进入这个老年人厚重网罩下、看不见任何希望的社会。对失去了霸气和上进心的、徒具灵魂空壳的日本年轻人群体，以社会上升、民族成长为目标的、意气风发的中国、韩国留学生感到惊诧不已。其病理的根源在社会。因此，尽管他们也在努力地恢复生存实感，却绝非一蹴而就的简单事情。

唯一的方法就是要改变他们找寻生存价值的方向。这也关联于改变社会的存在方式。在价值观多样化呈现的时代，当然没有一个包治百病的良方。与其告诉他们自我探寻和多样化至关重要，不如告诉他们多样化的生存方式最重要，但实现任何一种生活方式都会伴随着困难,唯一的办法就是切实地超越或克服那一个又一个的困难。忠言逆耳。成年人具备这样的忠告能力才是至关重要的。这不是遗传基因可以决定的问题,事前的构建者正是自我,即便找到了适合现今自我感性的方式,还是会在混乱之中无所适从。

人类生存的自由

生命问题涉及根本性的人类自由问题。人类是自然的一部分,同时可从自然的法则中获得自由。人类本质上就是这样一种矛盾性的存在。人类要行使自己的自由,却把其他的生物扔在了路边。这就如同明知走在死灭之途,却仍旧无法停下赴死的脚步一样。但人类毕竟不能随意处置人类的自由。

说起来,那也并非一条狭窄的死巷。其实那正是人类的特性,任何时代都无法辩明的人类特性。论及地球环境问题,某种趋向性的回顾是十分有效的——人们不断地要求控制人类欲望的膨胀,但人类的延续却关联于行使自由的欲望趋向,人类的延续中其他生物的生存又不可或缺。某种条件下的迅速转向,乃是日本人的一个恶癖。那么,何谓超越近代化弊害的欲望走向呢。正是在这种反省的基础之上,才有望开始重铸今天的生命本位思想。在此,重要的是明确区分并思考基因组以下的分子、细胞、组织、脏器、个体、社会诸组织、国家、地域乃至人类、生物界、地球、宇宙等所有层面,更应彻底区分基于类比、比喻等修辞法的思考与逻辑。这便是日本人生命观的历史留下的教训。

任何时代,人类皆在自我或众生之灵魂乃至地上一切的救济中,行使着生命自由的权利。在这种行使的过程中,时而趋于极端时而放任自流,作为个个例证反省的线索思前想后,无论置身于怎样的世界,人类生命的自由都能得到更好的锤炼或设计。

后 记

1988年前后，我与一些同仁开始了大正生命主义①研究，转眼时过20年。当时，引人注目的是石油资源的枯竭、地球温室效应等环境问题以及器官移植等问题（备受争议的是人在脑死状态下是否可以称作死亡）。稍后，苏联及其周边地区发生了剧烈的变化，"9·11"事件的发生则令世界的构图发生了巨大变化，气象异常越发令人担忧，始终未变的是对于超越世代、超越人类范围的生命存续问题的关注。

日本在漫无目的地漂流。这种感触是十分强烈的。专家们封闭在自己的研究领域中，无法开出有效的处方笺，时间黏糊糊地流逝。我自己也不过是五十步笑百步，时不时一样地随波逐流。但有一个想法至今未变——必须摘下冷战时期的有色眼镜，从根本上改变事物的观察方法与思考方法。

为了从束缚自己思维方式的桎梏中获得自由，笔者由"文学"概念入手，继而探究了"艺术"、"历史"等概念，目的在于探明基本概念的相互关系，推进伴随着前述关系之价值观的国际性比较研究乃至基于时代变迁的研究方式。在此过程中也涉及了"近代"、"自由、平等"等概念的历史性研究。总之，笔者的研究乃以日本文艺或文化史的重构为主轴。在此研究过程中，尚以"生命"为主轴完成了一部百万字论著

---

① 大正生命主义，1900—1910年间日本以"宇宙生命"为原理的重要思潮。

《生命观探究——基于多重危机的思考》（2007年）。本著以之为基础。

　　第一章涉及古代之新涉领域，受到国际日本文化研究中心客座研究员亚历山大·鲍比的援助，以其恳切确认后的论考为基础。鲍比是活跃于国际性第一线的比较语言学家，专攻日本古代语。第五章涉及和辻哲郎的《尼采研究》等，获益匪浅。尚具疑义处，请参照已经发表的相关学术著作或论文。参考文献过于庞大，恕未附录。

　　此外，2008年8月下旬，在风土学主倡者奥古斯丁·伯克（Augustin Berque）斡旋下，在诺曼底（Normandie）古城CERISY－LA－SALLE（思想文化中心）召开了为期一周的日语和法语圈研究者参加的"生命存在"研讨会，利用这样一个重要场所，各领域不同立场的参加者交换了意见。伯克却因患病住院，未能出席聚会（附记，回国后得到伯克痊愈的信息）。此外，这里还要感谢多年在国际日本文化研究中心开展共同研究的金子务先生，感谢他热心襄助，不辞劳苦地引荐了责任编辑佐佐木久夫先生。衷心感谢各位的帮助。

著者　识
2008年11月20日